中華文明傳真 8 Chinese Civilization In A New Light

草原帝國的榮耀

劉煒 —— 主編
杭侃 —— 著

商務印書館

《中華文明傳真》徵集有關文物考古資料和照片時，得到以下單位的大力支持和協助，在此鳴謝。

中國文物學會
中國文物交流中心
中國社會科學院考古研究所
中國歷史博物館
全國各省、自治區博物館
全國各省、自治區文物考古研究所
人民畫報社

本卷照片提供： 孔　羣　田　村　李　凡　張　羽　樊申炎　羅哲文等
《中國地域文化大系》之《齊魯文化》、《東北文化》、
《草原文化》、《吳越文化》、《河隴文化》，
《敦煌石窟全集》之《動物畫卷》、《民俗畫卷》、
《科學技術畫卷》、《建築畫卷》等。
日本國元寇史料館、商務印書館（香港）有限公司等

中華文明傳真 8

遼夏金元 ── 草原帝國的榮耀

出　版　人 …… 陳萬雄
總　策　劃 …… 張倩儀
主　　　編 …… 劉　煒
作　　　者 …… 杭　侃
責 任 編 輯 …… 楊克惠
封 面 設 計 …… 日本國株式會社見聞社（坂本公司 Sakamoto Koji）
版 式 設 計 …… 楊啟業
插　　　圖 …… 邵　滿
電腦復原圖 …… 梁竹君
出　　　版 …… 商務印書館（香港）有限公司
香港筲箕灣耀興道 3 號東滙廣場 8 樓
http://www.commercialpress.com.hk
印　　　刷 …… 中華商務彩色印刷有限公司
香港新界大埔汀麗路 36 號中華商務印刷大廈
版　　　次 …… 2004 年 4 月第 3 次印刷

ISBN 962 07 5313 5
Printed in Hong Kong

主編的話

看見歷史、感受歷史、思考歷史

《中華文明傳真》是一套開創性的叢書，它將中國歷史從帝王將相、改朝換代的框架中釋放出來，用文獻和考古學結合的方法，以最新的考古成果全方位、新視角、多層面、新觀念去重新闡釋。將歷史發展過程中最關鍵的觀念，物質文明最重要的細節，用現代的手法展現出來，因而從內容到形式，皆獨具特色、富有新意。中國的歷史從未被如此剖析過。

中國是一個幅員遼闊的多民族國家，為了將它五千年的歷史重新演繹，我們組織了一批深諳文獻和考古學的專家，費五年之功編寫，期間反復修改，力求保證叢書的學術水準。歷史的發展與當時的環境、物質條件、文明程度息息相關，展示和闡明這種種聯繫，對於認識歷史發展的多樣性、複雜性，是十分必要的，但卻是以往未曾被重視的。為此，我們在全國各地博物館和文物考古所的大力支持下，選取了數千幅照片，其中包括珍貴的航拍和衛星照片，重現古代的都城、山川形勢等，使讀者可以感受到當時人們的物質生活環境。各地博物館和文物考古研究所還專門為本書拍攝最新考古現場和出土文物照片。至於一些已經湮沒無法拍攝的遺迹，則以三維電腦圖或插圖復原本來的面貌。利用最新的考古研究的成果彌補文獻記錄的空白，突破以往歷史書以文字敘述為主的舊模式，透過精練簡白的文章、多元的視像元素，讓中國歷史立體地呈現出來。中國的歷史從未被如此展示過。

歷史作為人類既往行進、發展的記錄，原本就是多元多面、錯綜複雜的。本叢書為了適應快節奏的時代步伐，力求在有限的篇幅中增強信息量，避免沉悶氣氛，文字以精練簡白見長，讓事實說話，讓實物作證，主題突出，特色鮮明，取今人之獨有，補前人之空缺。使讀者以新視角、新層面看見歷史，感受歷史，思考歷史。

劉煒

二〇〇一年六月

目錄

第一單元　從行國到城國

北方民族的興起 8

東胡血脈　分化綿延　深山大漠環境與民族特性
民族本色——弋獵網鈎

漸變的行國生活 14

髡髮習俗　遊牧服飾　從食必乳肉到稻粱果茶
車馬為家　氈帳以居　剛柔相濟的草原婦女

城國的定居生活 22

定居生活的開始　故俗猶存的早期城市
都城規劃的新觀念　世界性大都會——元大都
遊牧民族的城市生活

震動世界的戰爭之波 32

契丹逐鹿中原　雙雄並起草原　世界征服者——成吉思汗
疆域遼闊的蒙元帝國

歷史近攝鏡

遼朝陳國公主與駙馬的高貴葬禮 34

遼朝陳國公主的隨葬品 36

第二單元　鐵騎踏出的輝煌

草原上的鐵騎 44

從部落兵制到中央兵制　驍勇善戰的騎兵
馬上得天下　適應騎兵的特殊兵器　騎兵的謀略與戰術
新戰法與新兵種

第三單元　漢化的抉擇

立國之本 56

根植於遊獵生活的政治制度　民族統治方略　全面推行漢化政策
多民族國家觀念的認同

歷史近攝鏡

仿中原而變化的西夏王陵 62

漢化的遼朝貴族耶律羽之 66

文明的碰撞與融合 68

民族文字的興起　融入世界的蒙古汗國

第四單元　由單一到多元的經濟

蓬勃的經濟——畜牧業 72

國家體制下的畜牧業

目錄

蓬勃的經濟——農業 74

從不知稼穡到賴以為國　中原農業的發展

蓬勃的經濟——商業 78

超越國界的商業貿易　戰國對峙下的商貿形式　穩定的財源——稅收

世界矚目的手工業 84

北方民族手工業的興起　蓬勃發展的金屬冶煉鑄造業
發達的傳統金銀手工業　各具特色的陶瓷業
元朝瓷器業的新成就　景德鎮製瓷工藝的新突破
北方民族的紡織業　開明清先河的元朝紡織業

第五單元　藝術、民風與科技

多姿多彩的藝術 100

普羅大眾的戲劇時代　自有天地的民族美術
生活氣息濃厚的遼朝壁畫　文人精神與文人畫

豪爽民風 108

踏節而歌 樂舞翩躚　北國的競技與遊藝

艱難中進步的科學技術 112

民族醫藥學的進步　天文曆法與數理光學
地質勘察與水利設施　指南針與印刷術　渾厚樸拙的遼朝建築
金朝建築與西夏佛塔　多元化的元朝建築

歷史近攝鏡　遼朝建築經典——善化寺大雄寶殿 124

第六單元　歐亞文化大交流

世界性的宗教兼容 128

世界宗教集中亮相　伊斯蘭教與回族　佛教在北方民族中的傳播
藏傳佛教的興起　大元帝師八思巴　民眾的新道教

歷史近攝鏡　華嚴寺與遼大藏經 134

草原佛教的見證——遼慶州白塔 136

第七單元　邁向大一統

盛況空前的海內外交流 144

遼朝的草原絲綢之路　完善的驛站系統　發達的海運和河運
無遠弗屆的海外貿易　歐亞大陸文明的傳播

歷史近攝鏡　北庭高昌回鶻佛寺 146

世界大商港——泉州 154

遼夏金元歷史大事年表 158

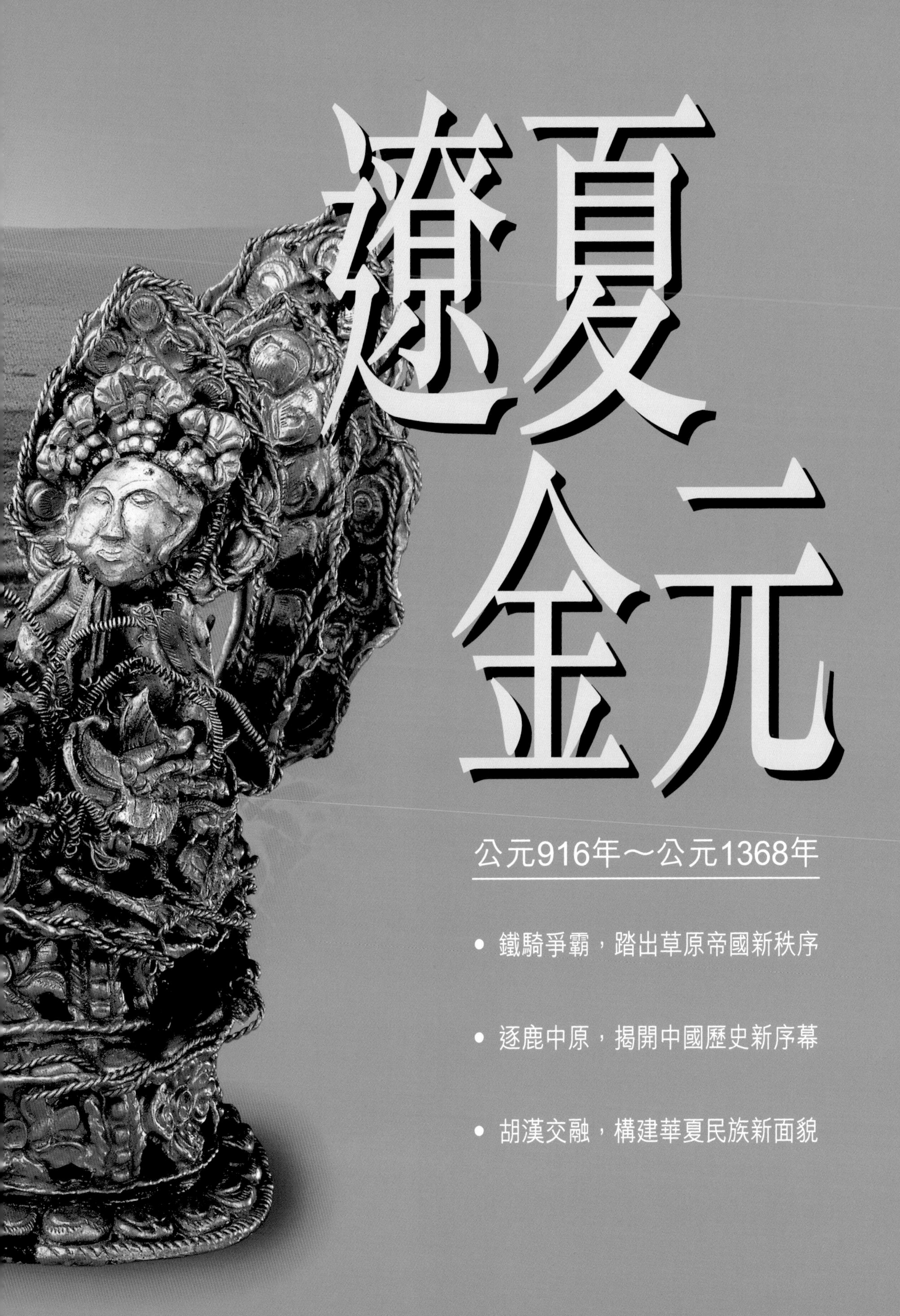

遼夏金元
公元916年～公元1368年
• 鐵騎爭霸，踏出草原帝國新秩序
• 逐鹿中原，揭開中國歷史新序幕
• 胡漢交融，構建華夏民族新面貌

北方民族的興起

①東胡血脈 分化綿延

歷史上活躍在蒙古高原的民族，可以分為東胡和突厥兩大系，其下各有"千種萬類"。突厥分佈較西，以蒙古高原中部山地為活動中心，是典型的草原遊牧民族；東胡原住地在大興安嶺，以狩獵和畜牧為生，最初不會養羊，養羊是後來從突厥學來的。中國歷史上自公元10世紀起稱雄一時的契丹、黨項、女真、蒙古，都與東胡有千絲萬縷的聯繫。

共同的習俗

"東胡"一名始見於戰國，當時稱匈奴為"胡"，在胡之東的民族，稱"東胡"。後來族屬雖不斷繁衍，但凡東胡族屬，仍可尋見一些共通之處。最明顯的是髮式，契丹、黨項、女真和蒙古的男子都有剃除頭頂部分頭髮的習慣；都相信薩滿教*；契丹和女真還保留東向拜日的風俗。

族源與遷徙

契丹、女真一直活動於中國東北部。契丹原屬東胡的鮮卑，受鮮卑拓跋部建立的北魏打擊，避居大興安嶺南部，獨立發展。女真源於東北古老的肅慎族。黨項和蒙古則較為複雜，有頗長的西遷過程，與西部的民族關係密切。黨項的統治者自稱為鮮卑拓跋氏之後，可見也與東胡有關係，但黨

持海東青石俑

這尊東北地區出土的唐朝男俑頭梳髮辮，穿民族服裝，手持東北所產的獵禽海東青，反映了唐朝女真先民——肅慎人的生活習俗和民族特點。

黨項族穹廬家族岩畫

刻於內蒙古阿拉善盟阿拉善右旗曼德拉山，在中間的大尖頂式穹廬內有五層，分別端坐着黨項家族的始祖；兩旁的小尖頂式穹廬是從始祖分衍出來的小家族，成為黨項族的若干部落。這幅岩畫形象地反映了黨項人早期的家族體系。

項興起於西北，與羌族關係更為密切。蒙古的祖先屬東胡的一支——蒙兀室韋，原來生活在大興安嶺北端的森林裏，後遷到蒙古高原中部，與突厥通婚。後來的蒙古人，其實是室韋與突厥共同的後代。據説成吉思汗的父親也速該是紅頭髮、藍眼睛。

四族興起建國雖然有先後，但可説是前後相繼，從10世紀初契丹首先稱帝，到14世紀後半葉元朝滅亡，五個世紀中此起彼伏。繼魏晉南北朝後，中國歷史又經歷北方民族崛興的震蕩。

《施緬長官司族譜》青牛白馬圖

《族譜》中有“遼之先祖始炎帝，審吉契丹大遼皇；白馬土河（白馬浮土河，今內蒙古老哈河）乘男到，青牛潢河（今內蒙古西拉木倫河）駕女來”的詩。此圖為《族譜》中的插圖。山丘象徵木葉山；兩麓的八棵勁松，象徵契丹八個部落。

四族的後裔

遼、西夏、金、元相繼崛起，又陸續衰亡。首先興起的契丹和黨項，滅國之後，歸附其他民族，逐漸融入其他民族之中。後起的女真和蒙古今天依然是一個單獨的民族。女真後來建立清朝，改稱滿洲，辛亥革命後通稱滿族。滿、蒙兩族均是中華民族的重要組成部分。

若仔細追蹤，已融入其他各族的契丹和黨項仍然有迹可尋。安徽合肥曾發現黨項人的家譜。在雲南西部，仍約有十五萬契丹後裔，其先世是13世紀隨蒙古軍遠征雲南而落籍的。在《猛板蔣氏家譜》中，有“憶吾先祖，籍鎮南京。姓耶律氏，名阿保機”之説。有些契丹後裔的墓碑還保留着契丹小字。

傳説中契丹、黨項都源自鮮卑
黨項遷徙路線
契丹遷徙路線
女真遷徙路線
蒙古遷徙路線

烏蘭巴托 北京 哈爾濱 赤峯 呼和浩特 銀川 西寧 蘭州 西安 鄭州 呼倫湖 額爾古納河 嫩河 鄂 克魯倫河 大興安嶺 遼河 黑龍江 鴨綠江 陰山 太行山 黃河

契丹、黨項、女真、蒙古四族祖源地及遷徙情況

契丹、黨項、女真、蒙古四族根據不同時期的需要，找尋適合發展的據點，經過漫長的遷徙過程，分別建立了自己的國家。

***薩滿教：**是一種原始宗教，起源於萬物有靈説、巫術、圖騰和拜物教，重視祭神，在中國北方的少數民族中流播很廣。

小辭典

② 深山大漠環境與民族特性

北方民族生活的地域地貌情況複雜，既有廣闊的草原、茂密的森林，也有荒無人煙的戈壁沙漠。雖然部分地區可以開發農耕，但由於氣候寒冷，農業發展受到限制，遊牧和漁獵成為他們基本的生活方式，與定居農耕的漢民族有很大差異。正是這種差異養成了他們獨特的民族性格，影響到他們生活的各方面，甚至於王朝的盛衰。

生活方式培育獨特的民族性格

地理環境以及由此形成的基本生活方式，培育了北方民族獨特的民族性格。首先，遊牧生活造就了他們的開放性。遊牧漁獵所產有限，只能滿足基本的生活所需，中國歷史上的遊牧民族都以自身特產的馬匹、毛皮等物品與中原地區相互交換，這使得他們能夠用開放的心理對待外部的事物，對宗教的兼容並包就體現了這種開放性。其次，他們具有飛揚凌厲的特性。北方寒冷的氣候和艱苦的騎射生活，使得這些民族吃苦耐勞、驍勇善戰，有強大的軍事作戰能力。第三，風俗淳樸、注重事功，“略於文而敏於事”。忽必烈曾經說：讀書固然是我所提倡的，但是，如果讀了書卻不知道用，那讀它幹甚麼？崇尚質樸的觀念，也影響到這些民族統治下的漢族，對漢族的倫理道德產生過很大的衝擊。

氣候變化與農業發展

草原地區的農業發展深受氣候條件的影響。契丹興起的西拉木倫河流域，是氣候變化敏感的農牧交錯帶，氣候變得較為溫暖的時候，農業帶的分佈就向北移。遼朝的時候，那裏的氣候比現在濕潤，為契丹腹地發展農業提供了條件，使契丹由一個馬上“行國”，變成一個農業“城國”，增強了遊牧民族抵禦自然災害的能力。但是，草原的氣候條件畢竟更適合牧業和林業，因此，農業始終是北方民族遊牧經濟的補充。而且一些地區過度開發農業，所造成的荒漠化問題，一直影響至今。

大草原

廣袤的大草原是北方民族賴以生存的基礎，為遊牧民族提供了生活的資源。

各領風騷數百年

遼夏金元時期北方的強族相繼興起，由盛至衰，又相繼歸於沉寂，契丹、黨項甚至沒有作為一個民族共同體存在下來。這與他們以遊牧民族的身分統治農耕地區所導致的政治上的不成熟密切相關。入據乃至定居中原之後，幾個民族原有的軍事優勢逐漸喪失，不得不面臨怎樣以少數民族的身分，統治以漢族為主的眾多民族的問題。各個王朝有不同嘗試，但總的說來，都沒有建立理想的政治體制。遼朝南北分治的政策對穩定統治起過很大作用，但是由於經濟和其他方面缺乏統一性和穩固性，在遼朝衰敗的情況下就很容易出現分崩離析的局面。而元朝的四等人制則加深了各等級之間的衝突，成為元末民變的原因之一。

摔跤手

惡劣的自然環境和艱苦的遊牧生活，培育了北方民族堅毅勇猛的性格。摔跤深受草原牧民喜愛，其淳樸、尚武、驍勇的民風由此也可見一斑。圖為蒙古草原摔跤大會上青年和兒童摔跤手攜手邁向賽場的情景。

阿拉善大戈壁

中國北部和西北地區，地貌複雜。無垠的沙漠給北方遊牧民族的生活帶來極大不便。惡劣的自然環境促使北方民族不斷遷移、長途征戰。而過度的放牧、開墾，也導致沙漠地區日益擴大。

北國雪原

許多北方民族都發源於氣候嚴寒的地區，茫茫雪原既是他們生活的天地，也孕育了其堅毅的民族性格。

北方民族的興起

③民族本色——弋獵網鈎

漁獵在北方民族的生活中佔有重要地位，是他們獲取生活資料的重要方式。“弋獵網鈎”在北方民族中不僅具有經濟意義，而且還有習武的含義。正是因為這種活動與他們的生活休戚相關，他們才能在不斷的實踐過程中總結出一些行之有效的方法。北方民族不論是擅長的作戰方法，還是後來的立國制度，有不少方面是根植於他們傳統生活的。

早期社會中的謀生手段

北方民族早期社會產業結構是以遊牧狩獵為主，狩獵是補充生活資料不足的重要手段，對只有少數牲畜的窮人而言，尤其重要。成吉思汗的遠祖在窮困的時候，就曾騎着一匹羸弱的馬四處流浪，狩獵為食。契丹建國前後，狩獵所得仍然是日常生活和軍需給養的重要來源。在西夏的山區、沙漠、半沙漠地區，狩獵即使在建國後也佔有相當的比重，朝廷常常將獵獲物作為貢品獻給遼朝和宋朝，以換取回賜。

狩獵依然受到重視

個人或家庭的單獨“弋獵網鈎”活動是出於生活所需，而全部落，甚至幾個

穹廬式鹿紋骨灰罐

骨灰罐帶有濃郁的草原生活氣息，穹頂圓壁是契丹人流動的居所——氈帳的真實寫照。罐外頂部、腹部畫有十隻鹿，寥寥數筆刻畫出鹿的靈動。鹿在契丹人狩獵生活中佔重要地位，是契丹人最主要的獵物。

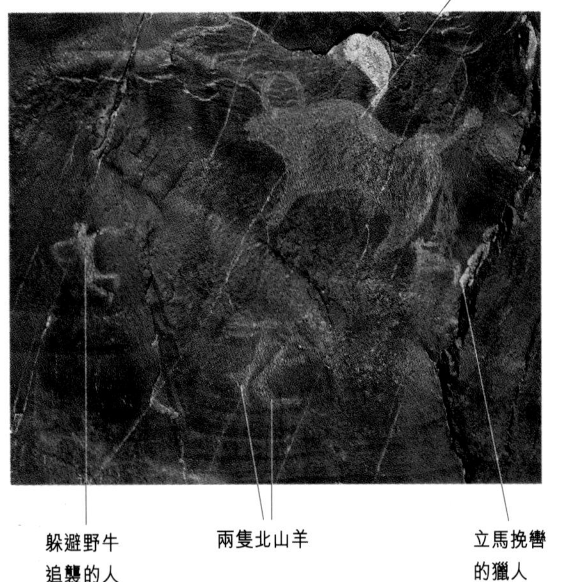

賀蘭山黑石岩畫狩獵圖

狩獵是少數民族賴以維生的手段，也是培育其勇武風尚的有效鍛煉。

部落聯合起來的“弋獵網鈎”活動，就帶有經濟和軍事兩方面的含義了。西夏王國的創立者元昊每次外出征戰之前，都要率領部下狩獵，作為他們進行軍事演習的一種獨特方式。成吉思汗常說：“行獵是軍隊將官的正當職司，從中得到教益和訓練是士兵和軍人應盡的義務。”他一再強調這種活動的目的“不單為的是獵取野獸，也是為了習慣狩獵鍛煉，熟悉弓馬和吃苦耐勞”。

獨特的獵食方法

遊牧漁獵與北方民族的生活息息相關，在長期的實踐中，他們逐漸摸索出一些獨特的方法，來有效地獲取生活必需品。北方草原上分佈着許多河流，其水流量遠比現在大，冬天水中出產的大魚是“契丹仰食”的對象，他們採用的鑿冰釣魚的方法，現在仍然為東北地區的一些少數民族所沿用。棲息於羣山叢林中的鹿羣，是北方民族喜愛的捕食對象。他們常將鹽撒在水旁的空地上，鹿羣飲水的時候爭相舔食，從而為獵人提供了良機。更為奇特的是“哨鹿”，獵人披上鹿皮，戴上鹿角，學公鹿發出求偶的叫聲，母鹿踴躍而來。這些方法行之有效，所以流傳至今。

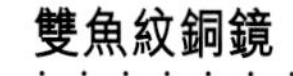

雙魚紋銅鏡

雙魚紋是金朝最常見的銅鏡紋飾，反映漁獵在女真人生活中的重要地位。

出獵圖

出獵圖反映北方民族對狩獵習俗的重視。特別的是，在這幅墓主人身分高貴的墓葬壁畫中，出現了蒙古裝束的人像。

漸變的行國生活

①髡髮習俗 遊牧服飾

北方民族的傳統服飾來自他們的遊牧生活。"績毛飲湩，以為衣食。"肉食皮衣為他們提供了基本的生活保障。元昊認為"衣皮毛，事畜牧"是"蕃性所便"，他下令國人剃髮，不從則殺，於是"民爭禿髮，耳垂重環"。北方民族都有自己的髮式、服飾，但是，隨着國家體制逐漸確立，統治者意識到制定衣冠之制，使貴賤有等的必要性，於是形成了與自然環境和民族喜好相適應的服飾制度。

髡髮的髮式

契丹、黨項、女真等少數民族裝扮上最顯著的特徵是"削髮左衽"。契丹男子髡髮而兩旁垂散髮，女真男子兩旁垂辮髮，壁畫中還留下種種不同的樣式。元朝蒙古族平民男子多結髮作環垂耳後，有連作三四環的，貴族和婦女反而椎髻；後來男子的髮式簡化為桃子式的一小撮，被稱為"婆焦"，上至成吉思汗，下及平民百姓，"皆剃婆焦"。

北方民族的髮式還引來與漢族的激烈衝突。南宋叛將吳曦為了迎合金人，曾經"議行削髮左衽之令"，引起漢人強烈反抗。

黑龍江阿城亞溝石刻

女真人早年"俗好衣白，辮髮垂肩"，與契丹"垂金鎖，留顱後髮"，再用彩色絲帶捆紮不同。

遼人髡髮圖

髡髮是中國古代北方民族的基本髮式。契丹、女真、蒙古族男子都削髮，但髮式有所不同。契丹男子多將頭頂的頭髮剔除，散髮垂於兩旁，女真男子則兩旁垂辮髮。

鳳紋織金錦袍

這件完整的右衽長袍是罕見的遼朝服裝，面料圖案主題為對鳳。北方民族服飾以左衽為主，契丹建國後積極仿效中原先進的文化制度，出現"漢服"和"國服"之分。這件右衽長袍就是遼朝吸收中原服飾文化的實物見證。

馬背民族的服飾

為了適應北方寒冷的氣候，以及遊獵為生的馬背生活，早期北方民族的服裝多以圓領、左衽、緊身、窄袖、長袍為主要特徵。而蒙古人的袍服不是“左衽”，是“右衽而方領”，他們戴笠帽，穿靴子。據説這種笠帽是古代武士頭上兜鍪的遺制，前後加簷是忽必烈的皇后改進的結果，目的是避免日光的直接照射。

服飾的等級化

北方少數民族建立政權，尤其是進入中原後，開始仿效漢族服飾和宋朝的輿服制度，特別是他們逐漸要求“使貴賤有等”，因此對於衣服的用料、顏色和圖案等方面都有嚴格的規定。契丹規定，除了有一定官職身分的人可戴巾子之外，即使身為富豪，也只能髠髮露頂。在遼墓所見的壁畫中，契丹人有的裹巾子，有的髠髮露頂，均與當時的社會身分有關。統治者則實行漢服、契丹服兩制並行，皇帝與漢官用“漢服”，太后和契丹臣僚穿“國服”。金佔領開封（今河南開封市）後，得到宋府庫中的綾絹即有七千萬匹，與南宋對峙百餘年間，每年又得到宋政府贈予的大量綢緞，所以其品官衣服能用絲綢花朵大小來定職位高低。不過契丹人顯然並不習慣穿漢制的官服，宋真宗時，宋使出使契丹，遼主見宋使時“強服衣冠”，見罷立即換上本民族的服裝“蕃騎出獵矣”。

着圓領袍服、手捧供物的小主人

臂挎涼帽、腳蹬麻鞋的童僕

西夏供佛童子圖

圖中兩童子為主僕關係，前者為引路的童僕，後立者為小主人。童僕髮型為前部留少髮，左側一綹長髮垂肩，其餘髠首；小主人頭部周邊留髮一圈，中髠首。壁畫真實反映了西夏人的審美時尚和衣冠風俗。

蒙古結辮陶俑

蒙古族男子多結髮作環垂耳後，額前還留桃子式的一小撮頭髮，被稱為“婆焦”。結辮俑前留額髮，兩側挽辮下垂，是典型的蒙古人形象。

漸變的行國生活

② 從食必乳肉到稻粱果茶

《卓歇圖》中的飲食場面

狩獵是契丹人生活的重要內容，契丹貴族打獵歸來，侍從執儀杖卓立帳外守護，稱為“卓歇”。這幅《卓歇圖》中，主人正在男女侍從的服侍下進食，從器物的造型看，使用的應該是金銀器。

“生生之資，仰給畜牧”的遊牧民族，生活以肉食為主，乳製品也佔有相當比重。隨着農業的興起，糧食進入他們的日常生活，傳統飲食結構發生了較大的變化。他們吸收漢族飲食文化，並根據自己的需要，製造獨特的風味食品，這些風味食品在南北飲食文化的交流中，受到漢人喜愛，進入尋常百姓家。

各種食肉方法

肉食主要來自於狩獵和畜牧。野駝蹄、鹿唇、駝乳糜等在元朝傳入內地後，被稱為“八珍”；多種羊肉烹製方法保存至今。烤肉鮮香誘人，常見於祭祀和百姓的日常飲食；乾肉可以長期保存，味道也頗獨特。捕魚是女真人重要的生產活動，他們還將乾肉的製作方法用於魚乾。

麵食的興起

在遼朝統治區域內，麵食原本是漢人和渤海人的主食。隨着契丹腹地農業的興起，麵食逐漸成為契丹人的主食，主要有炒製和燒粥兩種食用方法，炒米、炒麵適合馬上出行攜帶，粥則是簡便的定居生活食物。蒙古族入主中原後，“燒麥” 等麵食由草原傳入華北地區，逐漸普及，流行至今。

烹飪圖

肉食是北方民族的主要食物之一，煮肉場面在遼朝反映烹飪的壁畫中多次出現。從畫面上看，多是先將整塊的肉煮熟以後，再用刀一類的器具分食。這種食法也見於宋朝使者的記錄中。

瓜果蔬菜的種植和食用

北方苦寒，缺少瓜果和蔬菜，因此，女真人普遍在秋冬季腌製鹹菜和酸菜，其方法至今依然在東北地區流行。遼金元時期，隨着北國農業經濟的長足發展，瓜果蔬菜的種植日益廣泛，甚至出現引進品種。許多果品製作方法保留至今，如契丹人製的蜜餞，直到今天還是北京的特產之一。

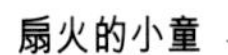

煮茶圖

茶葉北傳後，成為北方民族喜愛的飲品，這幅壁畫反映的是契丹人煮茶的情景。畫面中長方形的桌子上擺放着茶具，畫面上的幾個人正忙於煮茶。

飲茶習慣的北遷

在以肉食為主的北方地區，有除膩、提神功效的茶葉極受歡迎，飲茶還被一些文人視為儒雅。北方本不產茶，從南方通過貿易等途徑得來的茶葉，格外珍貴，一些珍稀品種甚至出現在北方民族隆重的禮儀中。到了元朝，飲茶已經成為各民族各階層的共同嗜好。當時流行的諺語説："早晨起來七件事，柴米油鹽醬醋茶。"

倍添豪氣的酒

北方民族生活中不可無酒，他們以酒成禮，以酒行事，以酒為樂。北方民族的酒，有馬奶酒、果實酒和糧食酒三大類。馬奶酒用馬奶發酵而成，元朝統治者為了表示不忘本，在祭天和祭祖時都要用馬奶酒。果實酒有多種，其中以葡萄酒產量最大。糧食酒的生產仍佔有主導地位，尤其在漢族聚居區，釀造糧食酒耗費了大量的糧食。此時傳入的蒸餾製酒方法，是中國製酒史上革命性的進步。

銀食器一套

吸收漢族飲食文化後，北方民族逐漸具備比較齊全的飲食器具。這套銀食器包括餐具和盥洗器具。

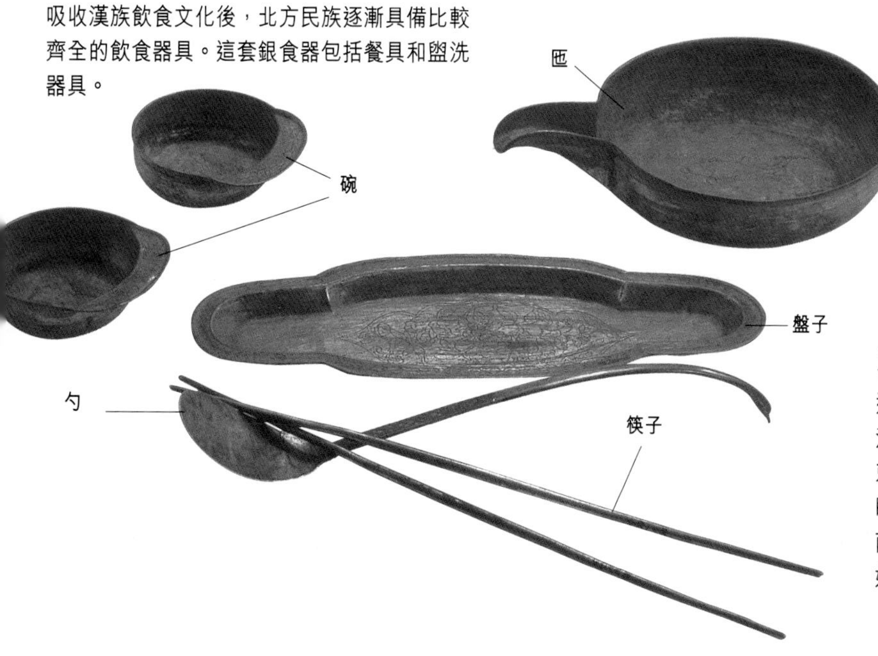

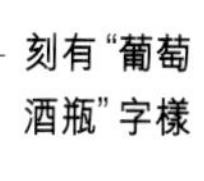

元黑釉"葡萄酒瓶"

這種瓶俗稱"雞腿瓶"，是遼以來草原地區流行的器具。蒙古宮廷中有來自中亞及哈剌和林的葡萄美酒，深受蒙古貴族的青睞。由於南宋沒有葡萄酒，因此它還受到南宋使臣的關注。金元之際，今山西也開始生產葡萄酒。

漸變的行國生活

③ 車馬為家 氈帳以居

以遊牧為生的北方民族，“草居野次，靡有所定”，過着逐水草而居的流動生活。馬背承擔起一個民族的盛衰榮辱，馬背就是他們的家，所以北方民族建立的政權有“馬上行國”之稱。車帳、氈廬就是遊牧民族流動的居所。即使定居之後，他們依然偏愛傳統的氈廬。

車的重要

對隨寒暑遷徙的草原民族而言，馬是他們最得力的交通工具，車是他們流動的家。草原上的車主要分為乘坐和載物兩大類，載物的車輛包括搬運氈帳的大車和裝運各種雜物的馱車。大車有時需要幾十頭牲畜牽引。北方民族社會各階層所用的車子，在設計構造上沒有根本的區別，只是平民的車子裝飾簡單，富貴者的車子高大、裝飾豪華。講究豪華的車具，是顯示車主尊貴身分的物件，具有與中原地區禮器相同的涵義，由此可見遊牧文化與農業定居文化之間的異同。

流動的家

車在漢族地區主要用作運輸工具，而在遊牧民族中，車還承擔起流動居所的角色。普通人家遊牧時用氈車，《契丹帳詩》：“行營到處即為家，一卓穹廬數乘車。千里山川無土着，四時畋獵是生涯”，就描繪了一般人家的遊牧生活。遼太祖圍攻幽州城（今北京城西南隅）的時候，揚言“有眾百萬，氈車毳幕彌漫山澤”。蒙古皇帝的行宮叫“斡耳朵”，可以裝在車上拉走，車上的帳幕寬達9米，兩個車輪之間的距離為6米，拉這樣的車需要二十二頭牛，帳中可坐可臥，人們將這種帳與車的結合稱為“帳輿”，見過的人無不讚嘆。

氈帳頂陶車

這輛陶車是元朝典型的氈帳式車型，車頂為帳篷式，下方車篷兩側有車窗。這種半封閉的形制，適於北方民族以車為家的生活方式。

駝車圖

契丹的車一般都造得很高，契丹尚黑，車廂上多覆以黑氈，上施文繡，故又被稱為“青幰車”。草原駕車多用駱駝。駱駝體高腿長，耐力非凡，是茫茫戈壁上最理想的畜力。遼朝壁畫的車輛多為駝車，一般是雙駝車。

牽馬圖

一髠髮、短鬚的契丹引馬者，神態安然；右手執杖，左手牽一匹棗紅大馬。

蒙古包

“一春浪蕩不歸家，自有穹廬障風雨”，是北方民族遊牧生活的真實寫照，穹廬即幕帳，也就是今天所説的蒙古包，它是草原上遮蔽風雨的主要棲身之所。在到達遊牧地後，他們就搭起氈廬，升起炊煙。氈廬用柳木為骨架，覆以虎豹之類的獸皮，上面再用氈覆蓋。草原上缺樹而多高柳，柳枝柔韌而不易折斷，建帳的材料因而能夠得到充分的保障。高級的氈廬之內以錦為壁衣，用黃布等鋪地。向漢族學會定居生活之後，北方少數民族仍念念不忘車帳生活。遼在上京(今內蒙古巴林左旗南)城內，留下大片的空地，用來設置氈廬。元在上都(今內蒙古正藍旗東)、大都(今北京城)，都建有大量的蒙古包。

現代蒙古包的構造

蒙古包由木(或柳)條網狀圍壁、傘形支架、陶腦(支架頂端的小圓圈)組成骨架，外圍氈子。蒙古包的大小由圍壁的木(或柳)條的多少來決定，八片以上的需要支柱支撐。陶腦不用氈覆蓋，起到天窗的作用。

蒙古包

蒙古包實際就是以前草原民族居住的氈帳，它拆卸、組裝、運輸方便，適宜於逐水草而居的遊牧生活。蒙古族還經常在蒙古包外面塗以石灰、骨粉等白色塗料，使之更加潔白。

漸變的行國生活

④ 剛柔相濟的草原婦女

北方民族最早是以漁獵、遊牧為生，荒草窮邊的環境，磨練了他們的意志，培育了他們堅毅、尚武的民族性格，也影響到日常生活的各方面。社會的發展狀況決定了婦女必須承擔較多的社會勞動，並因此享有較高的地位。隨着漢文化影響日漸深入，北方民族婦女的社會地位、生活方式也起了相應的變化。

鞍馬嫻熟 不讓鬚眉

北方民族馬上為生，男子主要從事狩獵、騎戰，其餘的勞動多由婦女承擔。婦女有權參與政治、軍事、文化等各種社會事務，“軍旅田獵，未嘗不從”。契丹的皇帝稱“天皇帝”，皇后則稱“地皇后”。許多婦女盤馬彎弓，不讓鬚眉，戰功卓著者不乏其人。

婚姻習俗

北方民族保留了許多原始社會婚姻習

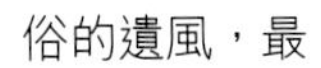

俗的遺風，最突出的是收繼婚。除了生身母親和同母姐妹外，庶母、嫂嬸甚至同父異母的姐妹都可以收繼。在自然資源短缺的情況下，收繼婚能保證家庭和財產的穩定。北方民族傳統的婚姻觀念開放，婦女改嫁較為自由。早期女真人還崇尚婚姻“自媒”，婦女有離婚改嫁權。但是，隨着社會的發展和儒學的傳播，倫理綱常逐漸為北方民族接受，少數民族中也提倡婦女節烈，婦女漸漸成為男子的附屬品。

北國女子多妖嬈

北國女子的服飾極富民族特色。契丹婦女喜穿黑紫團裙，上繡以全枝花。所穿上衣直領左衽，長裙前拂地，後曳地尺餘長。遼金中老年婦女喜歡用皂紗籠髻，散綴玉鈿於其上，稱為“玉逍遙”，可能是早期北方婦女步搖冠的遺俗。西夏婦女的服飾更有特色，往往披肩長髮，穿圓領窄袖長衫或長裙，雙肩披巾。

罟罟冠

用樺樹皮或竹子、鐵絲之類材料造骨架，製成外形像圓柱子的柱頭，裹以絲織物，並附以各種珠玉、羽毛裝飾，裏面中空。罟罟冠是區分婦女貴賤與婚姻狀況的標誌。

婦人啟門圖

遼墓壁畫內容豐富，充滿生活氣息。畫中正在開門的婦女，着直領短上衣，長裙拂地，反映了契丹婦女的服飾特徵。

蒙古女子多穿交領袍服，服外繫以彩帶，胸部另用彩帶束起。結婚以後，婦女就把頭頂中至前額的頭髮剃光，穿上特別寬大的長袍。已婚貴族婦女則戴罟罟冠。罟罟冠高二三尺，造型奇特。元人渡江後，罟罟冠被江南人列為奇觀。

獨特的化妝方法

在朔風凜冽的嚴冬，北方婦女流行紅眉黑唇、面塗深黃，稱為“佛妝”的面飾。它是將一種藤生植物加工後，塗抹在臉上，直到春暖花開的時候才洗去，據説這樣可以避免冬季風沙侵襲，達到“悦澤人面”的功效。但長期不洗臉卻往往有損她們的外貌。遼朝婦女還用鴨綠江中出產的牛魚膘，製成魚的形狀，作為“面花”貼在臉上。

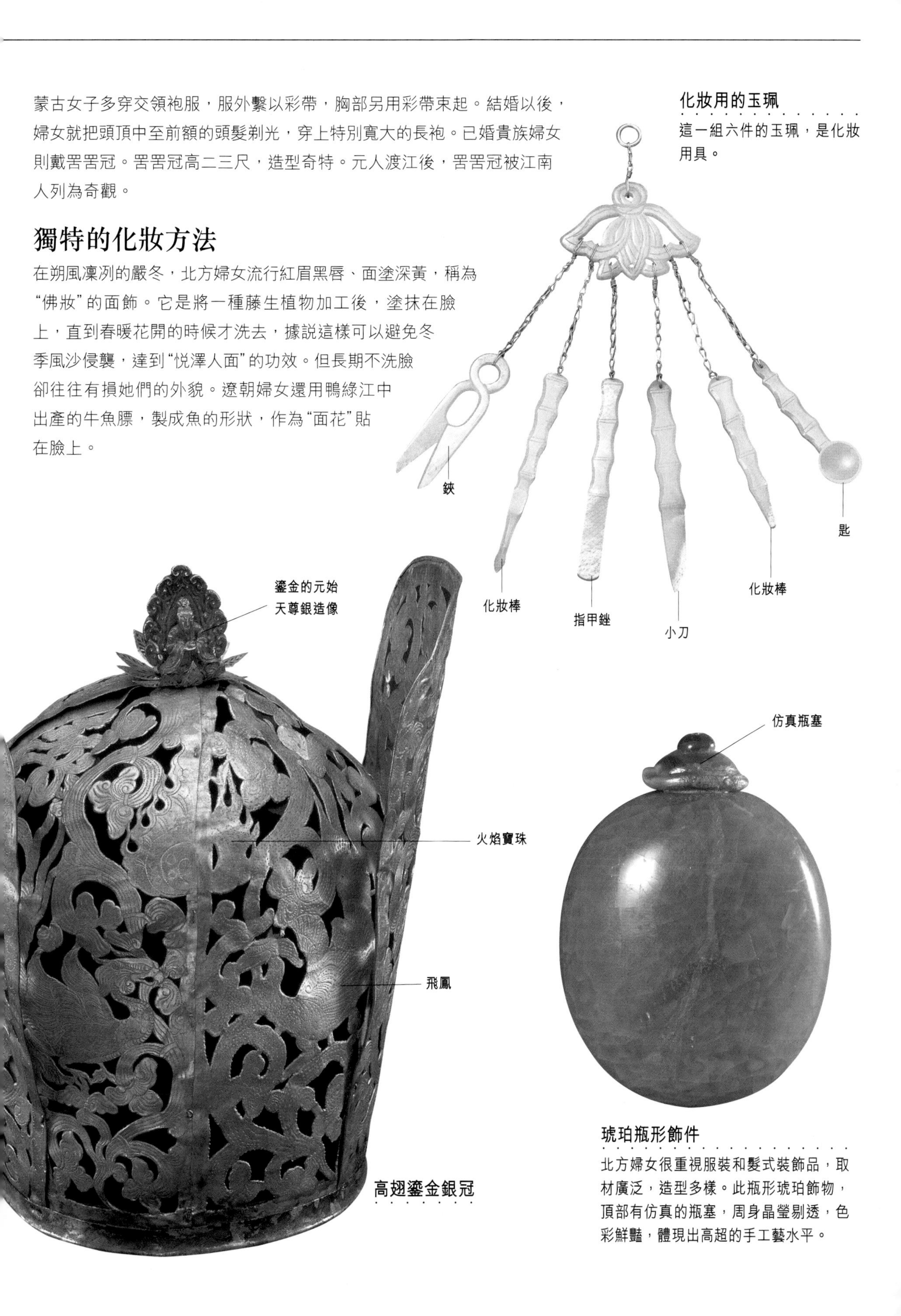

化妝用的玉珮

這一組六件的玉珮，是化妝用具。

高翅鎏金銀冠

琥珀瓶形飾件

北方婦女很重視服裝和髮式裝飾品，取材廣泛，造型多樣。此瓶形琥珀飾物，頂部有仿真的瓶塞，周身晶瑩剔透，色彩鮮豔，體現出高超的手工藝水平。

城國的定居生活

① 定居生活的開始

北方民族建立的政權號稱“行國”，意思是人民和牲畜都在流動之中。在水草繁茂的情況下，行國可以借助軍事優勢，強盛一時。但過分依賴地利使遊牧經濟的基礎十分脆弱，匈奴、突厥等強族就因而在轉眼間土崩瓦解。與上述民族不同，遼夏金元時期的少數民族政權，積極吸收農耕文化，建立“城國”，使經濟基礎趨於穩固，從而長期對中原王朝造成強大的壓力。

依水建城

建造城市本來並非遊牧民族的習慣，但是現在保留下來的他們建造的城址很多，有的地方還十分密集。在今內蒙古科爾沁右翼前旗發現的古城址達五十七座；松花江沿岸有四十多個大小不等的金朝城市，一直排列到松花江口。農業不是城市的產物，但是城市的選址卻與農業直接相關。江河既是便捷的交通線，也是建造城市必須依靠的水源所在。大量的村寨都以城市為依托，在北方草原地帶形成所謂插花式農田。出現大量的城市，既説明這個時期北往的流動人口數量可觀，也説明定居生活對北方遊牧民族具有吸引力。

臨時居所

吉林發現了迄今規模最大的遼金時期聚落遺址，揭示北方民族從逐水草而居到走向定居生活的過渡形態。房址均坐落在西南－東北走向的沙崗東南坡，方向朝東南，有利於朝陽背風禦寒。這些房址的建造規模都較大，大者面積有110餘平方米，一般面積多在30~40平方米。牆壁以就地取材的沙土拍打而成，這種牆壁不甚堅固，不適宜長期居住。聯繫到契丹、女真等民族逐水草而居的遊牧習俗，推測他們可能將牆壁僅拍打至一定高度，以阻擋風水雨雪，然後用棉、氈、皮類的蒙古包式帳篷圍架其上。

防寒取暖的設施

由於氣候寒冷，上述的遼金房屋遺址室內普遍建造曲尺形火炕，還有灶台、煙囱等，説明契丹、女真雖為遊牧民族，但遼金時期，中原漢民族的生活器具乃至生活習俗不斷傳入，這些遊牧民族已能修築定居或半定居的村落；同時，長期同大自然鬥爭，已掌握了嫻熟的室內建造火炕、防寒取暖的技能。

涼城壁畫宴居圖

墓主人端坐在椅子上，身旁站着護衛、侍女，反映了元朝漢南蒙古人定居生活的場景。定居生活影響遊牧經濟，也改變了遊牧人的生活方式。

侍女

蒙古族裝束的墓主人

護衛

暫時定居的經濟活動

從以上的遼金房屋遺址露天炊灶遺迹看，能發現這個民族當時仍保留着隨地為炊的習俗。不堅固的牆基，則反映了在溫暖的季節其定居的暫時性。遺址中出土較多牛、馬、羊、豬、狗遺骸及陶網墜，可知畜牧和漁獵應是當時的主要經濟活動，而發現石杵等農業用具，則説明農業已開始受到重視。

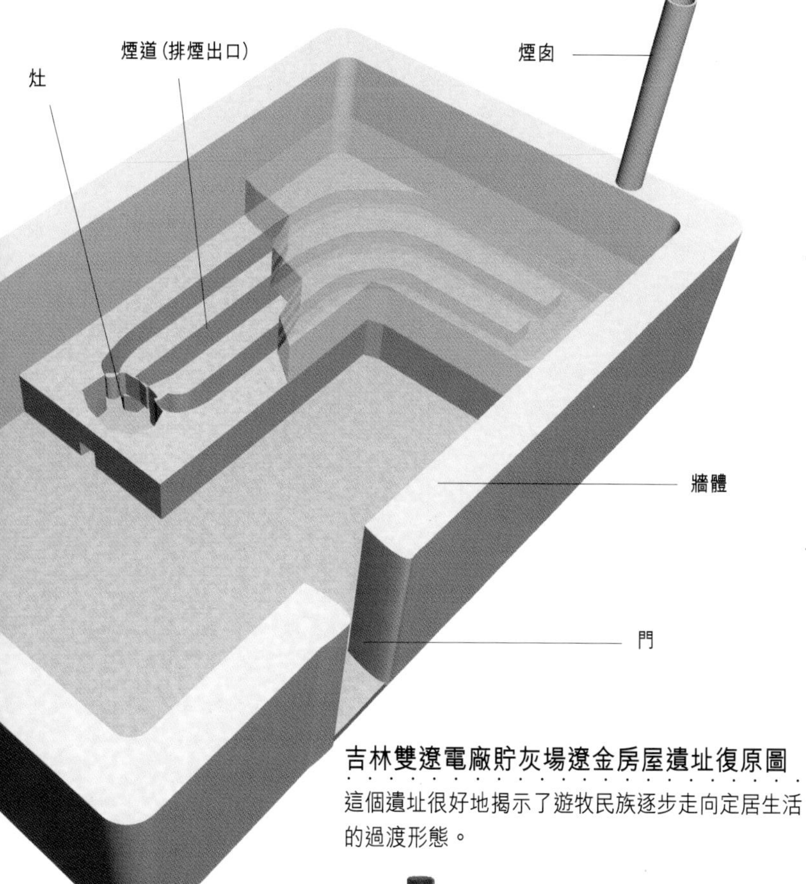

吉林雙遼電廠貯灰場遼金房屋遺址復原圖

這個遺址很好地揭示了遊牧民族逐步走向定居生活的過渡形態。

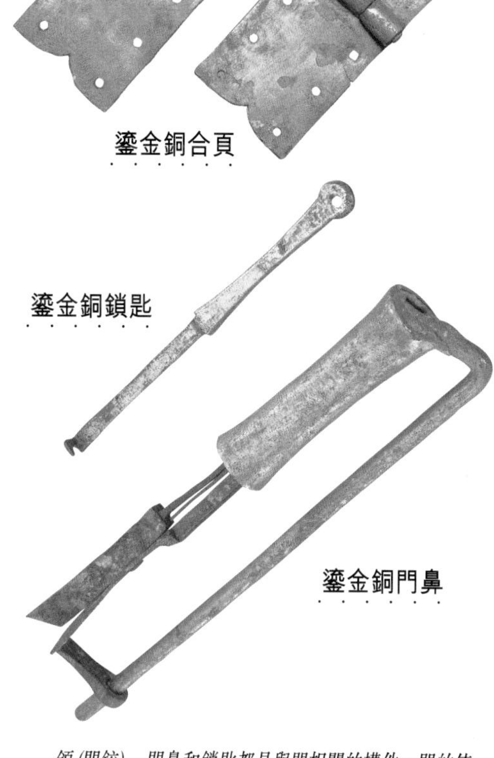

鎏金銅合頁

鎏金銅鎖匙

鎏金銅門鼻

頜(門鉸)、門鼻和鎖匙都是與門相關的構件。門的使用，是少數民族轉為定居生活的象徵。

木牀

木盆架

中原生活用具的傳入，給遊牧民族的生活帶來重大變化。這些金墓出土的木製傢具，證明金人已經適應了以農業生產為主的定居生活。這些傢具的形制一直流行於北方，直至明清時期仍變化不大。

城國的定居生活

② 故俗猶存的早期城市

都城是一個國家城市發展水平的集中體現，北方民族建造都城是其吸收漢文化的結果，從規劃佈局到營建，都有漢人參與。但北方民族早期的都城，並非全部照搬中原地區的都城制度，而是有鮮明的時代特點和民族特色。城市是社會關係的集中體現，北方民族早期的都城體現了北方民族的早期發展形態。

體現遊牧性格的早期都城

遼朝的都城採用五京制。五座都城中，有些是新建的，有些是在原來城市基礎上改建的。五京制度實際上是遊牧民族按季節遷徙尋求草場的生活習俗在都城建設上的反映，因此，被以後金、元、清各代北方民族政權所仿效。

契丹善於野戰，他們在草原深處建造城市，主要不是考慮在自己的腹地依托城池防禦，更多的是想防止漢族的俘戶逃亡和暴亂，所以在上京漢城建造了瞭望用的"市樓"。上京的漢城城牆不修築馬面*，而在上京皇城修築，可見其防禦的重點是漢人。

遼金五京分佈圖

遼金的五京制，實際上是遊牧生活在都城建設上的反映。

早期都城——遼金上京

遼上京位於今內蒙古巴林左旗南，地處最北，建制最早，是遼朝的政治中心。遼上京內的建築佈局、大內居中的形制，以及修建孔廟等舉措，都是模仿中原都城的。而皇、漢兩城體現的"因俗而治"和圓形氈廬式建築，以及東向的夯土台基等，又帶有民族特色。

金上京位於今黑龍江阿城市南，是金朝早期的都城，佈局與遼上京相仿，分南北兩城。金上京遺

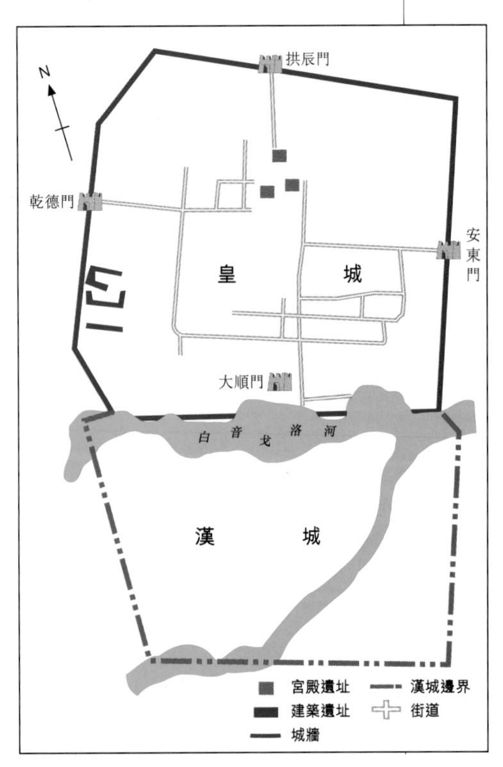

遼上京遺址平面圖

遼上京分為南北兩城，呈"日"字形相連。南城為漢城，北城為皇城，大內位於皇城中部略偏東北的一處小丘之上。

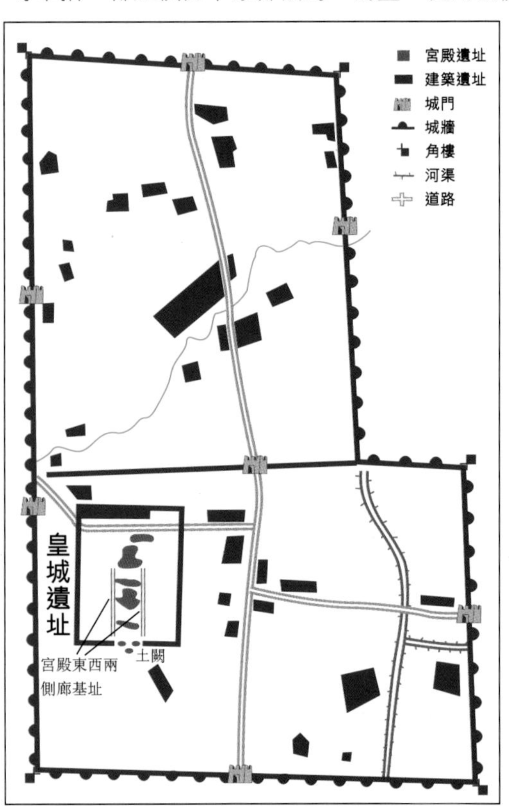

金上京及皇城遺址平面圖

金上京平面呈曲尺形，皇城位於南城的西部，中軸線上有五座宮殿遺址，宮殿平面為"工"字形。

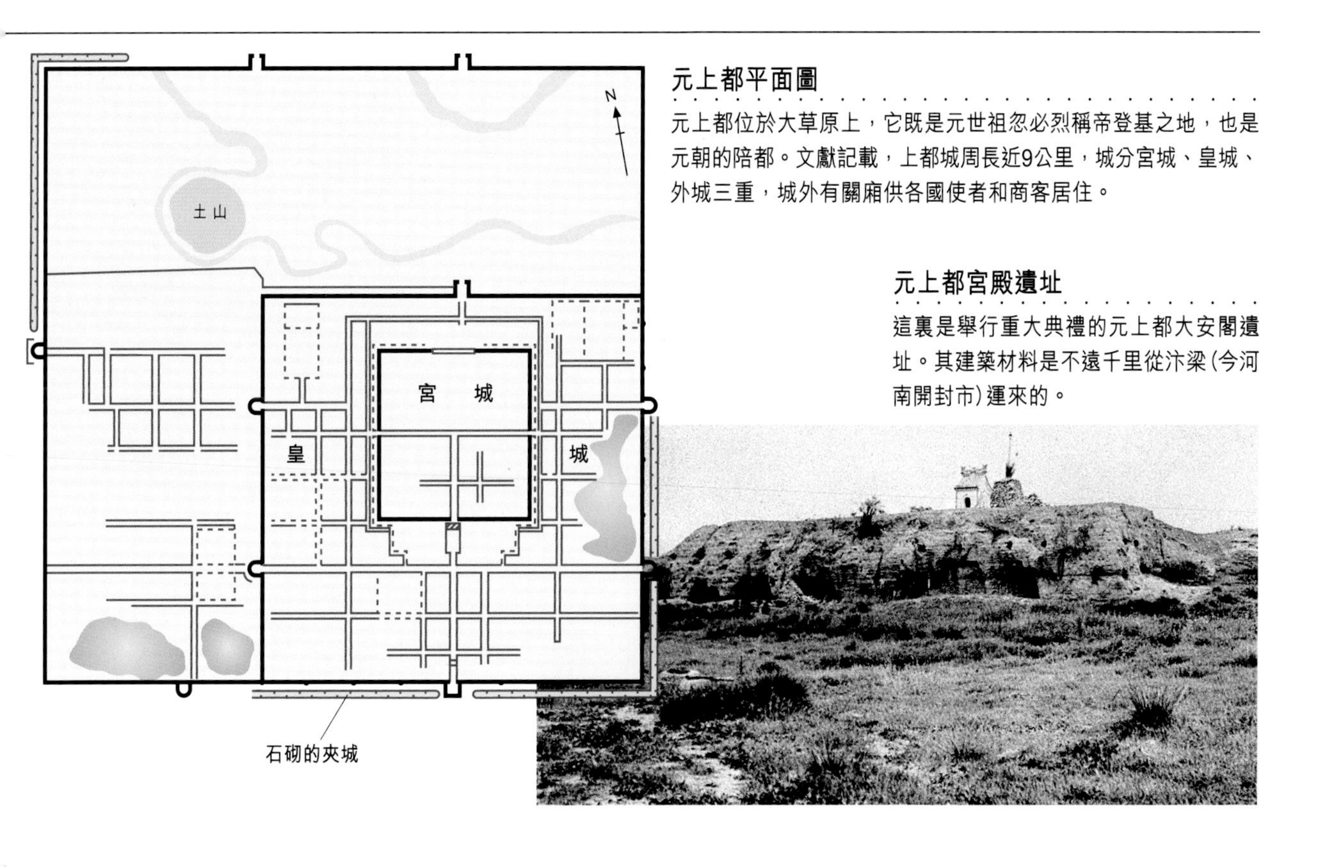

元上都平面圖

元上都位於大草原上，它既是元世祖忽必烈稱帝登基之地，也是元朝的陪都。文獻記載，上都城周長近9公里，城分宮城、皇城、外城三重，城外有關廂供各國使者和商客居住。

元上都宮殿遺址

這裏是舉行重大典禮的元上都大安閣遺址。其建築材料是不遠千里從汴梁（今河南開封市）運來的。

址及其附近地區，不斷出土石刻、銅鏡、官印和窖藏銅錢等遺物。在阿城市五道嶺山區還發現了數十座鐵礦和冶鐵遺址。這些發現表明金朝早期，金故地的社會經濟已有較大發展。

遊牧行國的要衝——元上都

元上都是蒙古人在草原地區興建城市的代表，原為忽必烈所建的開平府，位於今內蒙古正藍旗東，地處蒙古草原南緣，周圍大山環繞，軍事地理位置十分重要。它北連朔漠，便於與和林（今蒙古國厄爾得尼召北）的汗廷聯繫；南則便於控制華北和中原。從忽必烈開始，元朝即以上都來聯繫漠北諸王，以大都（今北京）來控御幅員遼闊的漢地。上都成為元朝從遊牧行國向中原王朝過渡的階梯。

上都作為元朝的陪都，城內既有綿延相連的斡耳朵羣（類似今蒙古包的圓形氈帳），也有依照漢制建立的皇城和宮城，以及承襲了中原傳統建築風格的土木宮殿建築。漢式宮殿樓閣與草原氈帳交相輝映，建築風格體現了漢蒙雜糅的特點。

小辭典

*馬面：凸出城牆的牆體。

漢白玉螭首

這是元上都遺址出土的建築構件，雕工精細，由此不難想見元上都昔日的輝煌。

城國的定居生活

③ 都城規劃的新觀念

與早期都城不同，北方民族後來建造的都城，都明顯受北宋都城制度的影響，出現了"一依汴京制度"的盛況。從考古發掘的遺址來看，所謂一依汴京制度，並非是完全照搬，而是主要體現在兩種設計觀念上：一是將宮城設計在城市中心的重城式佈局，反映出宮城地位的加強，也就是皇權地位的強化；二是採用了開放式的街道佈局，反映出人身依附關係減弱。這些變化，是北方民族進一步邁向國家體制的步伐在都城建設上的具體反映。

遼中京遺址

位於內蒙古赤峯市寧城縣西鐵匠營鄉。城址除東南角被老哈河沖毀外，部分城牆殘高仍達4米。城內現存大塔（又稱大明塔）、小塔、半截塔、石獅等文物。

遼中京

遼中京遺址在今內蒙古寧城縣西。澶淵之盟*訂立後，契丹為了便於同中原交往，利用北宋每年的納幣，從燕薊謀求良工，於遼聖宗統和二十五年（1007）建遼中京。遼中京建成以後，遼帝經常在這裏接待北宋的使者。

中京較遼初所建的上京，受中原都城影響更多。整個城市採用重城式的佈局，又延續了隋唐封閉式的里坊制度。外城南部為里坊所在，主要供漢族人居住。從封閉式的坊市、看樓和內城城牆上有馬面而外城城牆上無馬面等防衛措施來看，民族隔閡依然存在。

里坊區之外不再劃分成坊，遼人居住在里坊以北，他們仍然習慣於居住在臨時搭建的帳篷內。里坊區北部到內城之間，兩側各有長約250米的廊舍，是商品交換的場所，説明統治者對於商業較以往重視，也為皇宮提供了方便。這種市場形式與隋唐城市的集中市場不同，是仿效北宋開封皇城前的市場設立的。當時各國往來於這座草原城市經商的人很多，城內專門設立了"大同驛"接待宋朝客使，"來賓館"和"朝天館"接待西夏和新羅使者。

八角形塔身

磚雕

高74

遼中京大明塔

為遼聖宗敕建的感應寺內的舍利塔，是遼朝密簷式塔的代表作，同時也是研究遼朝密宗信仰的珍貴資料。

金中都

金上京地處北邊，土地貧瘠，無法有效監控新征服的廣大中原地區，作為都城遠不如燕京"地廣土堅，人物蕃息"。為此，金政府花費了很大力氣，克服來自女真貴族的阻力，營建中都城。金中都(今北京城西南隅)是北京城市發展史上的重要階段。它是在唐幽州城和遼南京城的基礎上擴建的，東、西、南三面各向外擴展1.5公里。新舊城區明顯呈現兩種風格。東、西、南三面擴展的部分，有許多東西向的街巷，與後來的元大都相似，和舊城內延續坊市發展下來的街道不同。這種差異對研究中國古代城市由中期到晚期的轉變，有重要的價值。它具體説明了作為城市骨架的街道系統，是怎樣發生時代性的轉變的。與遼中京相比，金中都採用重城式佈局，並且採用了開放式的街道，城內不再有封閉的里坊，説明對人民的防範減弱，也是金中都比遼中京更受漢文化影響的反映。

北海瓊華島、萬壽山

北海是北京著名的園林景區。1153年金朝以遼南京為都城，建中都，在今北海大興土木，以瓊華島為中心，建造了許多精美的離宮別苑。元朝的大都以金中都的海子和瓊華島為中心，將山賜名萬壽山(又名萬歲山)。

遼中京遺址平面圖

遼中京城市規劃兼用唐、宋都城的制度，採用重城式佈局，由外城、內城和宮城組成。外城街道規劃整齊，分佈着漢人居住的里坊、廊舍等。廊舍遺址現僅存部分方形石礎和夯土基礎，分佈均勻整齊。

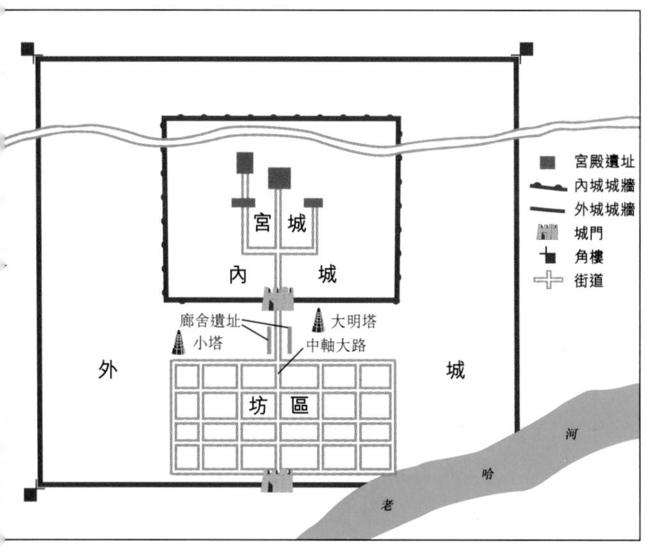

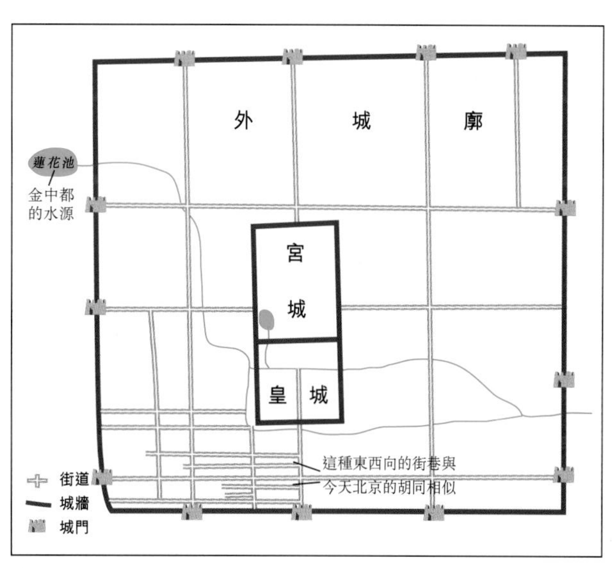

金中都平面圖

金中都平面圖中最值得注意的是它新擴展的城區內，街道兩側的街巷平行排列，這種街巷規劃，後來為元大都繼承。

***澶淵之盟：**1004年遼軍南犯，直逼澶淵(治今河南濮陽市)，宋真宗親征，最後宋軍在沒有戰敗的情況下，與遼訂立盟約，對遼納幣。

小辭典

④ 世界性大都會 —— 元大都

元大都是一座馬可·波羅認為無法用語言來描述的雄偉壯麗的世界性大都會。大都選址在"地扼襟喉趨朔漠，天留鎖陰鎮雄關"的要衝之地，便於控制四方。大都捨棄舊城而新建，它繼承了宋朝以來城市規劃中的新思想，又奠定了明清北京城的基礎，在中國古代城市發展史上佔有重要地位。

繼往開來的規劃

忽必烈放棄遼金都城舊址，另建新城，主要有兩個原因。一是舊燕京過於殘破；二是燕京城的主要水源城西的蓮花池水系，水量不足，不能滿足城市發展的需要。新建的元大都採用重城式佈局，由宮城、皇城、外城三重城垣組成。宮城居於全城中央，其地位更加突出；一條中軸線由皇城北中心閣向南延伸至外城正門——麗正門，宮城內主要的宮殿都位於中軸線上。城市內街道採用開放式規劃，基本形制是在南北向主幹大街的東西兩側，等距離地並列許多東西向的胡同*。今天北京城內的許多街道和胡同仍保存元大都街道佈局的舊迹。重城式的佈局和開放式的街道在宋汴京城（今河南開封市）中已經出現，但由於汴京城是在舊城基礎上改建的，而且遺址現在仍然深埋在地下，元大都就成為研究中國古代社會晚期都城制度的寶貴實例。

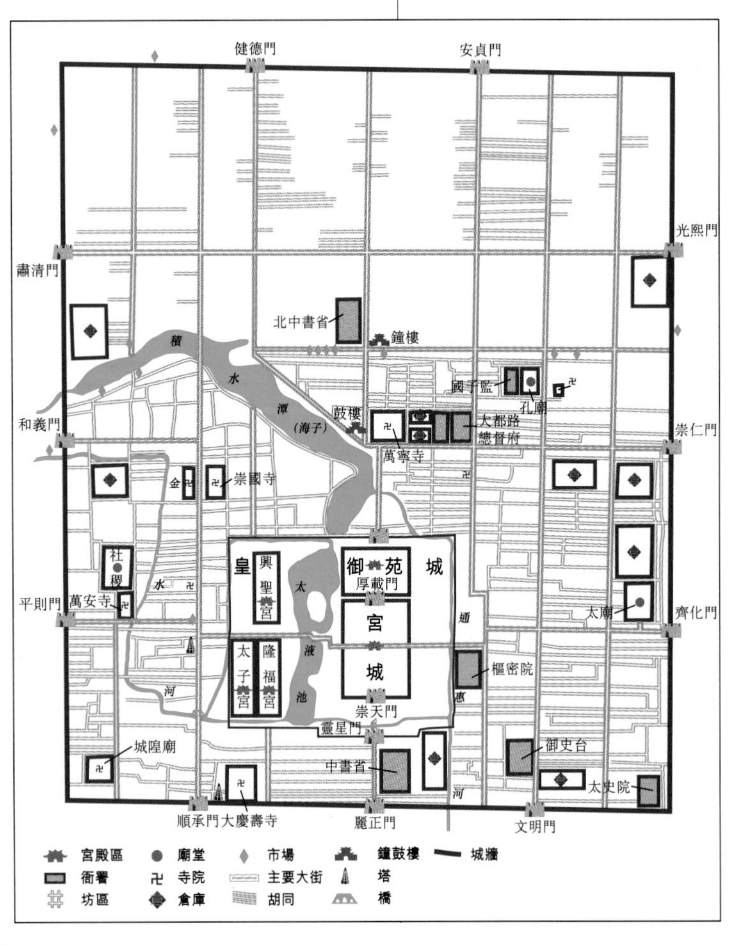

象天法地的規劃思想

政治家劉秉忠所設計規劃的大都，是中國古代都城中最接近周禮制度的都城，連城門的名稱都來自易經，體現了忽必烈"儀文制度遵用漢法"的統治方針。其實周禮的都城規劃只是一種理想，元大都之前的都城並沒有採納多少。例如漢長安城（今陝西西安市西北）遵守前朝後市的制度，但魏晉南北朝及唐卻改成前市後朝。此外，劉秉忠還賦予大都城許多迷信色彩。城內官署等機構的分佈，與天上星辰對應；大都東西南各三座城門，而北面只有兩座，是仿效哪吒的三頭六臂兩足等等。這種規劃使官署機構分散，影響行政效率。明朝北京城的規劃克服了元大都的這個弱點，官署向宮城前的中軸線兩側靠攏，皇權集中的思想更加突出。

元大都平面復原圖

元大都採用以宮城之長、寬為整個城市設計模數，加強宮城在城市中的地位，這種設計是皇帝"化家為國"的觀念在城市建設中的具體反映。

北京的胡同

元朝文獻中的胡同只有二十九條，明朝文獻中北京城內已經有胡同三百多條，現在有上千條。今天北京城內許多街道和胡同仍保存元大都街道佈局的舊迹。

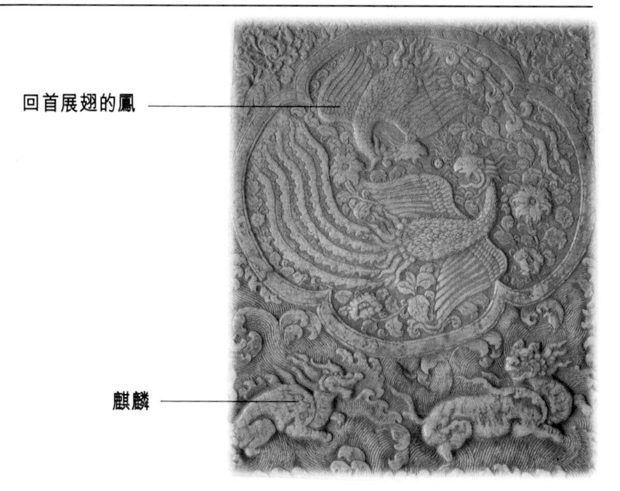

雙鳳麒麟石雕

出土於元大都，可能是當時皇宮專用的建築構件。線條自然流暢，是元朝石刻藝術的精品。

大集中、小分散的商業網點

大都的居民有五十多萬，為了滿足居民的各種需求，城中分佈了許多商業網點，各種集市多達三十餘處，既有綜合性的商業中心，也有按行業劃分的街市，還有行商。最繁華的地方在鐘鼓樓西的海子一帶。海子是大運河的終點，南來的各種商船都在這裏停泊。

元朝後英房居住遺址復原圖

這是後英房胡同一所大型住宅的復原圖。主院的正房建於台基之上；東院是一座平面為"工"字形的建築，即中間以柱廊把南北兩屋聯結在一起。這種佈局是宋元時代最流行的建築形式。

小辭典

***胡同**：指北京城內窄小的街巷，是元朝就有的名稱。元人的胡同到底指甚麼，還是一個謎。

城國的定居生活

⑤ 遊牧民族的城市生活

遊牧民族走進城市，是統治以漢族為主的多民族國家的需要，也是他們積極吸收漢族農耕文化的表現之一。城市的居民來自四面八方，在民族交融中又保持了各自的民族特色。商業活動的興盛，為城市注入了蓬勃的活力，也豐富了城市的生活。流動在街頭的各色人等，貧富有別，民族各異，構成了生動的生活畫面。

遊牧民族走進城市

遊牧民族最初居無定所，蒙古人在中原攻佔城池後，甚至想將中原地區變為牧場，走進城市是他們受漢族影響的結果。北方民族建造的城市，氈帳隨處可見，婚喪嫁娶"各依本俗"。元大都的宮殿內陳列酒甕、室內用織物遮蓋木結構顯露的部分，極具蒙古族特色。至於畏吾兒殿、棕毛殿等，更是直接出自少數民族工匠之手。即使太廟祭祖這樣漢化的禮儀，也經常伴有用蒙古巫祝致辭、撒馬奶酒等蒙古族的風俗。

多民族聚居的繁華都市

少數民族走進城市的同時，大量漢人北遷，甚至成為草原深處城市的居民，因此，多民族聚居是這一時期城市生活的顯著特點。遼朝許多城市是利用漢人降戶建造的，遼上京的南城就被稱為"漢城"。城市商業繁榮，各

宴樂圖

城市內有學校、寺廟、道觀、茶樓、酒館等設施滿足居民的需要。這幅畫描繪了遼朝富有階層的日常生活情景。

秤物圖

此畫生動地反映了元朝城市商業生活中，買賣雙方進行交易的場景。

種市場星羅棋佈。遼上京南城中有專門為回鶻商人建造的“回鶻營”。元上都和元大都的大街小巷遍佈各族商販的足迹。

嚴格的城市管理

要有效地控制城市，嚴格的管理制度必不可少。以元大都為例，城內街道主次分明，大街寬二十四步，小街寬十二步。這些街道將城市劃分為五十個街區——坊，坊門上都有坊名，坊有坊正管理官府科差等日常事務。城內主要幹道兩側都有精心設計的排水渠道，使排水系統更趨完善。城市中設置鐘樓和鼓樓報時，晚上實行宵禁，宵禁之後街巷由軍人把守。

元朝官俑

這個官員穿的是緋羅服。

貧富社會兩重天

城市中實行嚴格的住宅制度和衣冠制度，貧富相差懸殊。西夏文武百官的服飾不同，百姓只能穿青綠色的衣服。元朝官服分紫羅服、緋羅服、綠羅服三大等級，平民百姓只能穿深暗色的服裝，以致工匠發明出幾十種深暗色的織染技術。元朝禁止民間使用珠寶，因此瑪瑙在大都被視為賤品，只有娼優佩戴，在江南卻“價過於玉”。城市居民的住房也貧富各異。元大都發掘的十餘處居住遺址中，既有後英房胡同的豪宅，也有許多“土屋”、“地屋”。這種“土屋”、“地屋”，居住條件極差，經歷嚴冬的冰封雪凍之後，春天往往會變形。

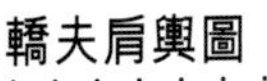

轎夫肩輿圖

城市之內，富貴人家或官員通常以轎代步，“轎夫肩輿”是常見的場面。

震動世界的戰爭之波

①契丹逐鹿中原

契丹立國在北方地區的開發史上十分重要，北方地區經濟文化由此飛速發展，長城不再成為民族隔閡。契丹國力強大，文化亦輝煌燦爛，許多民族不斷融合於契丹，室韋、奚、吐谷渾等古老的民族相繼從文獻中消失；漢文化通過契丹，在東北和北方民族中廣泛深入流傳，並遠播異域。

國家規模的初步建立

唐朝晚期，在中國北方統治蒙古草原幾個世紀的強大部族——突厥和回鶻相繼衰落，契丹族迅速崛起壯大。在唐朝走向滅亡的同一年，契丹人推舉了可汗。此後近十年中，契丹不斷擴張疆土，並於公元916年建國。契丹建國後，借鑑漢文化，建立皇權世襲制，頒佈成文法，創建文字，國力日盛。

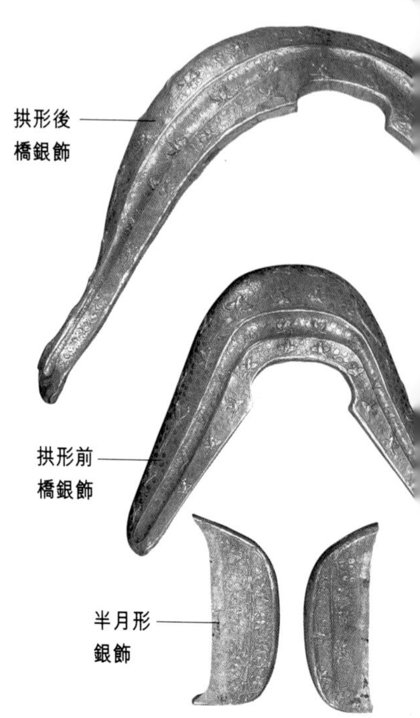

草原強國的盛衰

契丹大規模擴張，西面征討原臣服於突厥和回鶻的遊牧部落，鎮壓韃靼等北方諸部，在今蒙古國鄂爾渾河上游的古回鶻城設立鎮州；東面降伏深受唐文化影響的渤海國，通過渤海國吸收不少唐文化；東征高麗，迫使高麗納貢求和。契丹迅速成為繼突厥之後，對中原最具威脅的少數民族政權。

短暫的繁榮過後，遼朝很快進入衰亂時期。其衰落緣於內部政治混亂和民族繁多、其心不一；從外部來說，這個強國逃不過長江後浪推前浪的命運。北方諸族相繼興起，在與西北韃

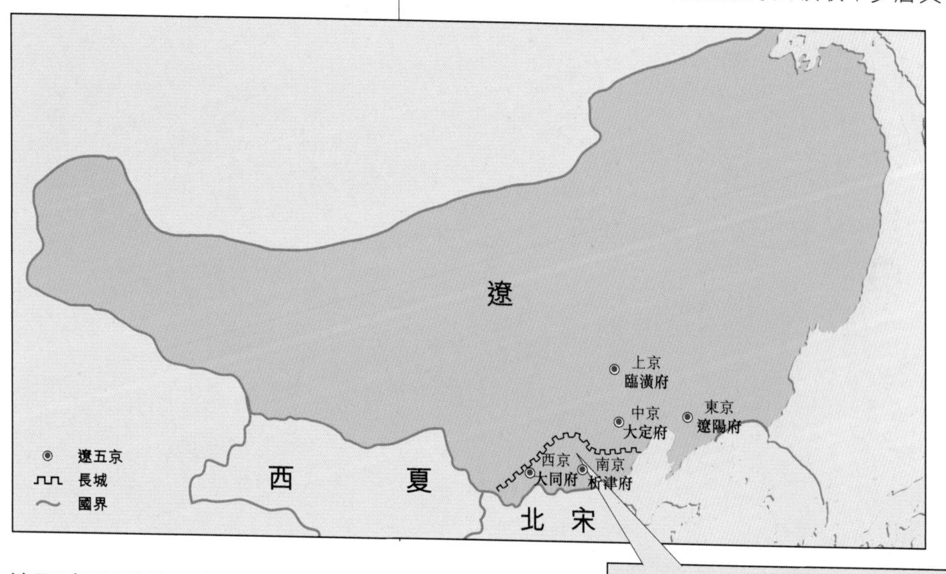

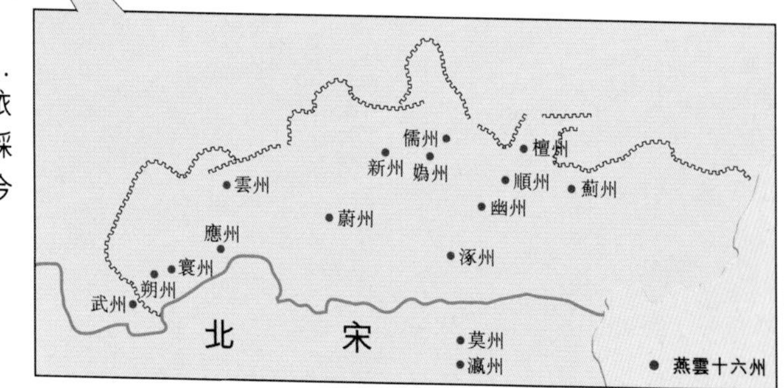

遼疆域圖(附燕雲十六州位置圖)

契丹東征西討，大規模擴張疆域，還多次南下，獲得中原王朝依為屏障的燕雲十六州。中原王朝失去燕山這道天然屏障，被迫採取守勢。北宋初期，兩次力圖收復位於燕雲十六州的遼南京(今北京城西南隅)，均慘敗。

鎏金銀鞍飾

契丹人的征戰離不開鞍馬技術嫻熟的鐵騎，因而，在遼墓中常有隨葬的各式馬具出土。這副鞍飾外側包鑲鏨花鎏金飾件。前後橋銀飾均呈拱形，面凸背凹。正面鏨刻花鳥紋和魚子紋。

歷史小證據

勇悍民族的象徵——戰神海東青

北方民族對雄鷹有特殊的偏愛。海東青是東北所產的名貴獵鷹，體型瘦小，但專門捕捉天鵝等大型飛禽，深得祖居東北的契丹人喜愛，女真、蒙古亦與契丹人一樣，視海東青為戰神。瘦小的海東青啄捕鵝雁的造型，是遼金元玉雕的重要主題。建立王朝後，契丹人經常向仍居東北的女真人索取海東青，以致兩族結下仇怨。

鞊部落反復激戰的過程當中，遼兵精鋭損失殆盡，無法阻擋新崛起的女真。1125年，金兵俘獲遼帝，歷時二百一十年的大遼帝國滅亡。

光復的夢想：西遼王國

金兵滅遼以後，隨即南下侵宋，沒有乘勝追擊遼餘部。遼皇族耶律大石得以招集亡部，重整旗鼓，在西北重新建立政權，但荒草窮邊，發展受到限制；大金帝國正處於全盛期，遼光復故土只能是一個夢想。耶律大石於1130年率部借道回鶻，西遷中亞，征服突厥各部，依然建國號為“遼”，史稱“西遼”。西遼極盛時期國土東起哈密，西至鹹海，北達葉尼塞河上游，南抵阿姆河，成為雄視中亞、威震萬里的“名教”大國。1218年為蒙古所滅。

海東青啄天鵝玉雕

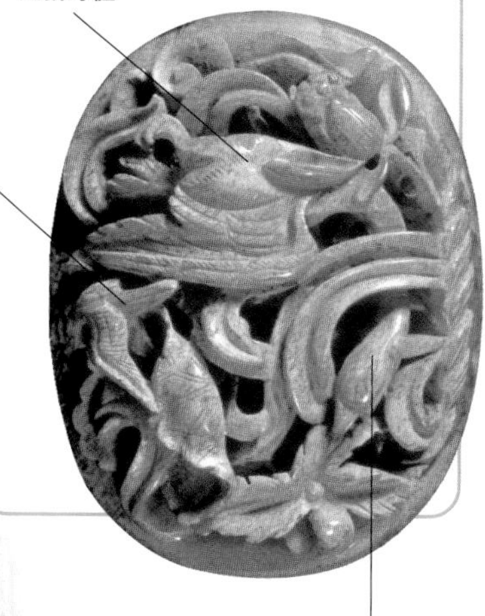

門吏圖

契丹以武立國，得以逐鹿中原，因此尚武之風盛行。在遼朝墓葬的許多壁畫中都繪有持兵器的士兵形象。這兩個門吏手持骨朵守衛墓室。

遼朝陳國公主與駙馬的高貴葬禮

遼陳國公主和駙馬合葬墓，是目前所見最完整、出土文物最豐富的契丹皇族墓葬。陳國公主死於遼聖宗開泰七年(1018)，當時正值遼中期政治、經濟、文化繁榮昌盛之時，殷實的經濟基礎為陳國公主的厚葬提供了條件。陳國公主是遼聖宗同母弟耶律隆慶的女兒，死時僅十八歲；駙馬蕭紹矩，是聖宗仁德皇后的哥哥，先公主而逝，公主死後葬於駙馬先塋。

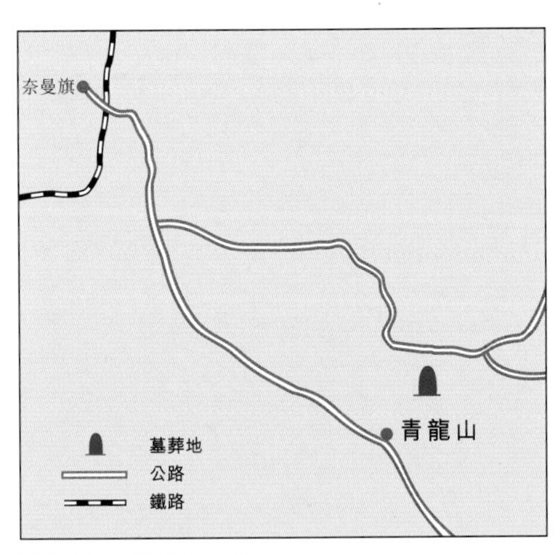

陳國公主墓位置圖

位於內蒙古通遼市奈曼旗青龍山鎮東北10公里的南山坡上，墓地為羣山環抱，環境幽雅。

陳國公主墓的墓室參照漢族的等級制度建造，為仿木結構的磚室壁畫墓，由墓道、天井、前室、東側室、西側室和後室組成，全長16.4米。墓門門額以上用雕磚建造仿木結構的屋簷，並加飾彩畫。這種做法常見於宋朝中原北方地區的墓葬中，但側室和後室均為圓形穹隆頂，乃是仿照契丹人居住的氈帳而建，具有北方少數民族的色彩。

側室圓形穹隆頂復原圖

篆書陰刻"故陳國公主墓誌銘"字樣

線刻的十二生肖像

墓誌蓋拓片

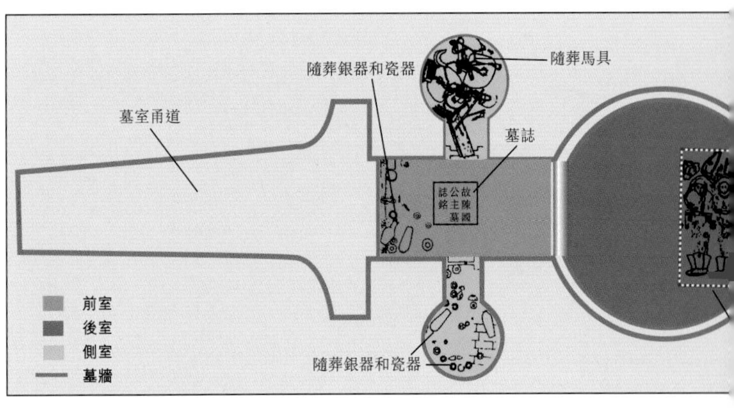

陳國公主墓平面圖

陳國公主與駙馬合葬情況

這是發掘現場所見陳國公主與駙馬合葬的情況，也是考古學家第一次看到契丹大貴族獨特葬俗的全貌。

遼朝陳國公主的隨葬品

公主的金面具

契丹人進入中原後，受到漢文化影響，貴族主要實行土葬，並且營造華麗的墓室，殉葬車馬和生活用品，往往匯天下之奇珍以充墓室，形成厚葬之風，使契丹的墓葬輝煌一時。

陳國公主生前身分尊貴，死後也享用遼朝最高等的墓葬。墓內不僅隨葬精美的金銀器、玉器、水晶、瑪瑙等製品，身體還用金包銀裹，從頭到腳都穿戴契丹貴族獨有的金銀殯葬服飾，據《遼史》記載，這些"覆屍儀物"是皇帝賜贈的。由此充分反映契丹貴族厚葬的風尚。

這是契丹族特有的葬具，也是內蒙古地區現存最大的遼朝面具。這兩件面具製作精細，依照死者真容用薄金片捶擊成形，眉、眼局部鏨刻，周邊有穿孔，與銀絲頭網連綴。出土的時候，分別戴在陳國公主和駙馬面上。

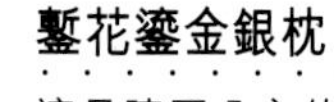

鏨花鎏金銀枕

這是陳國公主的頭枕，用薄銀片打製焊接成形。枕面呈半圓連弧形，鏨刻雲鳳紋，花紋鎏金。

鎏金雲鳳紋

駙馬的金面具

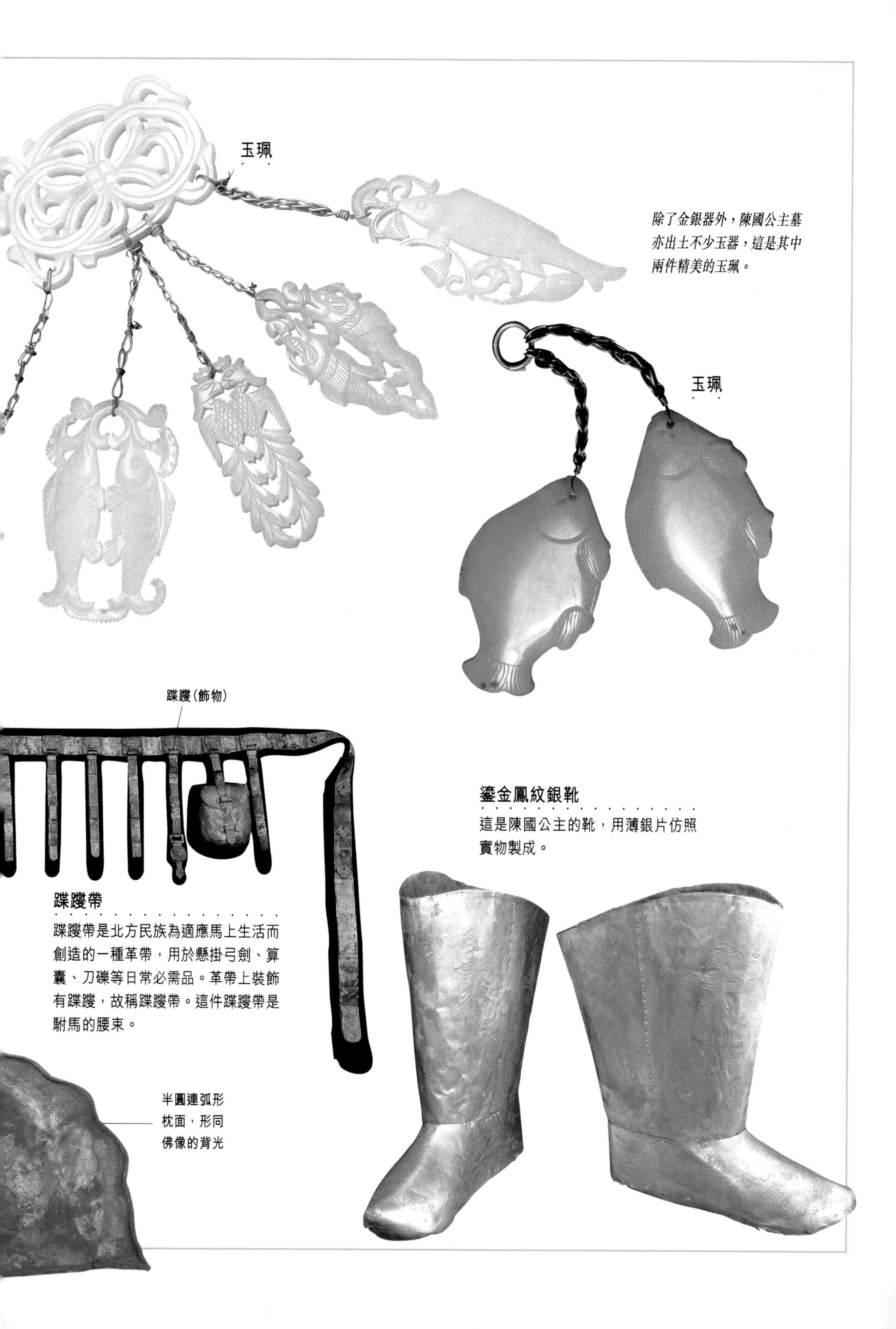

除了金銀器外，陳國公主墓亦出土不少玉器，這是其中兩件精美的玉珮。

蹀躞帶

蹀躞帶是北方民族為適應馬上生活而創造的一種革帶，用於懸掛弓劍、算囊、刀礪等日常必需品。革帶上裝飾有蹀躞，故稱蹀躞帶。這件蹀躞帶是駙馬的腰束。

鎏金鳳紋銀靴

這是陳國公主的靴，用薄銀片仿照實物製成。

震動世界的戰爭之波

② 雙雄並起草原

遼國雄霸草原、南下逼宋時，其旁邊和背後，又興起兩個強悍的民族——黨項和女真，分別建立西夏和金，成為遼的心腹大患。兩族與遼一樣，既有強悍民風，又吸收了漢族文化，都成為割據一方的國家，女真並且迅速攻滅遼國。這兩個繼遼而興的國家，最後又都被後起的蒙古所滅。

西北崛起的強雄西夏

遼朝的建立和強大，沒有結束草原鐵騎爭霸的局面，西北有驍勇善戰的黨項建立的西夏雄據一方，對宋遼關係產生了重要影響。從唐末開始，黨項族即與中原王朝關係密切；後來接受宋的冊封。公元982年，黨項首領李繼遷反宋，建立割據政權。

彩繪五男侍木版畫

元昊頒佈髡髮令後，"民爭禿髮，耳垂重環"。圖中男侍髮式就是黨項羌人特有的髮式。

宋遼對峙時期，宋政府積極聯合黨項防遼。宋遼訂立澶淵之盟的次年(1005)，黨項採用"倚遼和宋"的政策，向宋臣服，換得宋朝大量"歲賜"，全力經營河西走廊，勢力迅速壯大。1038年，元昊稱帝建國，國號"大夏"，史稱"西夏"。從此，北宋、遼、西夏形成三足鼎立的局面。西夏共傳十代，1227年為蒙古所滅。

"火急馳馬"銅敕牌

這是西夏傳遞文書、命令的使者所用的身分證明，共分兩片，合為一體才是完整的敕牌。一片刻漢文"敕"字，一片刻四個西夏文字，意為"火急馳馬"。

接合位置

西夏文"火急馳馬"

女真反遼建國

松花江以北的女真部落，以農業和狩獵為生，一度受遼管轄。約在遼興宗時，完顏部通過部落兼併戰爭，成為部落聯盟的聯盟長，並接受遼朝的節度使封號。遼天祚帝天慶四年(1114)女真誓師反遼，在出河店之戰中，大敗遼軍。1115年，女真仿照漢族制度建立金國，並在短短的十年中滅遼，兩年後滅北宋。

漢化進程的加劇

北宋滅亡後，隨着統治區域擴大，金朝加快了漢化的步伐。金熙宗天眷元年(1138)金朝全面推行漢族官僚體制，史稱"天眷新制"。金世宗還在貴族中普及漢文化教育，推行科舉制。章宗是漢化最深的金朝皇帝，在他倡導下，女真貴族學習漢文化成為時尚。他還允許女真屯田戶與漢族通婚，加速了民族融合。

金太祖陵

位於黑龍江阿城市南金上京故城北城外。1123年，金朝建國者完顏阿骨打死後葬於此。地表散存着大量的琉璃瓦、柱礎等建築構件。

金朝的衰亡

隨着疆域的拓展和國力的強盛，女真貴族日益腐化，逐漸喪失淳樸尚武的習性。北方韃靼、蒙古頻頻擾邊，金朝只得花大量人力物力修築壕塹，防止遊牧民族的騎兵南下。南宋也主動發起進攻，雖然南宋兵敗求和，但金朝也損失慘重。章宗叔父衛紹王時期，皇權旁落，黃河三次大規模的決口，使原本捉襟見肘的金朝財政雪上加霜。在蒙古軍隊的強大壓力下，宣宗被迫放棄中都，南遷開封，企圖向南發展。與南宋交戰十餘年，以致南北受敵，1234年終被蒙古和南宋聯軍所滅。

西夏與金疆域圖

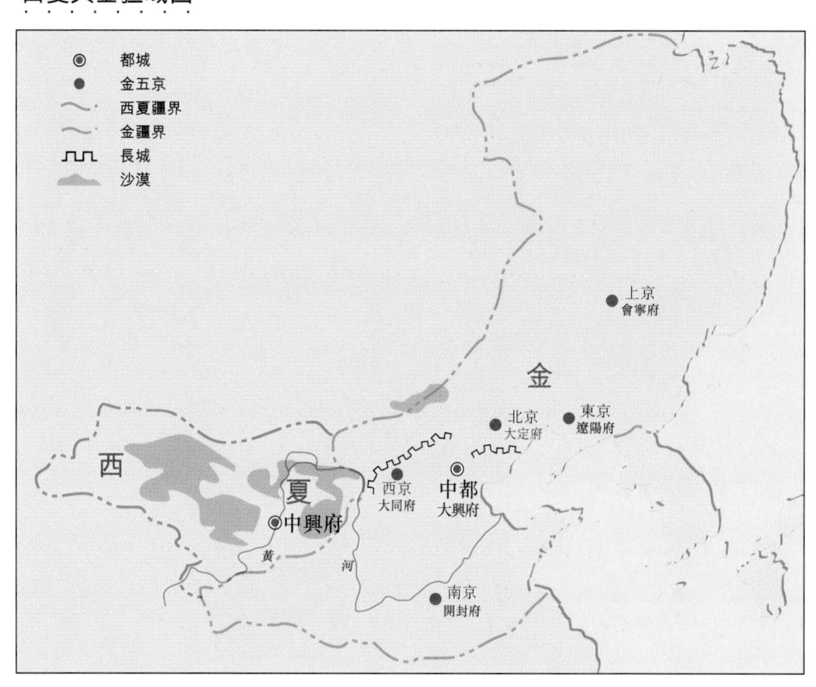

大金得勝陀頌碑

位於吉林省松原市徐家店鄉。遼天慶四年（1114），金太祖完顏阿骨打在此誓師反遼，次年建立金國，遂命名為"得勝陀"。碑立於金世宗大定二十五年（1185），碑正面和背面分別刻有漢文和女真文，追述當年聚眾誓師反遼經過、立碑的緣起和頌文。

震動世界的戰爭之波

③ 世界征服者——成吉思汗

13世紀的蒙古高原部落林立、征戰不休，部落結構經常被打破，跨部落的軍事聯盟成為必然趨勢。鐵木真就崛起於這樣的歷史背景之下。1206年，鐵木真完成了歷時十八年的統一戰爭，在斡難河(鄂嫩河)源召開大會，樹起九旒白旗，被各部推舉為大汗，號"成吉思汗"，創立了蒙古汗國。

牧民的先進管理者

蒙古高原從此結束了"星空團團旋轉，各部紛紛作亂"、"人們相殺相殘"的部落爭戰局面。大批原來的部落人口被分編在不同的千戶中，許多部落的界限從而泯滅，蒙古民族開始形成。成吉思汗頒發了"大札撒"法典，制訂了汗國的軍事、政治等各項管理制度，從此結束了草原牧民一盤散沙的局面。

大札撒的頒佈

成吉思汗建立蒙古國前，已經意識到制訂法律加強統治的必要性。建國後頒佈了蒙古帝國的最高法典——大札撒*，作為斷事官和其他行政官員處理日常事務的主要依據。它包括了成吉思汗所認可的舊有的習慣法、他所頒行的法令和他的聖諭，用以維護"黃金家族"*的最高統治權和貴族的利益，及保護遊牧經濟。大札撒頒佈後，被以後的蒙古諸汗和元朝皇帝奉為不可違反的法律準則，每逢盛典"必陳祖宗大札撒"。大札撒是蒙古建國後首部比較完整的成文法，對蒙古國及以後元朝法制的建立、維護蒙古貴族的統治，起過重要的作用。

呼倫皇后　也速該皇后　成吉思汗　孛兒皇后　朮赤　察合台　窩闊台　拖雷

祭祀成吉思汗家族圖

被祭祀的成吉思汗及其三位皇后、四個兒子在畫的正中。成吉思汗戴四方瓦楞帽，三位皇后戴罟罟冠，均端坐於白色高台上，接受台下另外三組人的祭祀。這是目前已知最早的祭祀成吉思汗家族的壁畫。

大札撒的主要內容

範疇	內容舉例
維護黃金家族的最高權威	1．那顏領主(千戶長)們除了君主外不得投托他人 2．擅離職守者處死 3．挑撥黃金家族關係者處死
保護那顏領主們的利益	1．收留逃奴而不交還原主者處死 2．盜竊者本人處死，家屬及財產歸被盜之家
保護遊牧經濟	遺火而燒燬草場者誅其家
維護社會秩序	1．相與奔淫者誅其身 2．說謊詐騙者處死
保護民族習慣和禁忌	1．禁止便溺於火上和水中 2．宰牲畜必須縛其足，剖其胸，抓其心，不得用回回人的宰殺方式

注：大札撒已經失傳，只能從殘存的部分條文中簡單窺見其面貌。

世界征服之途

蒙古國建立以後，迅速向外擴張，開始了征服世界的歷程。成吉思汗周圍聚集了一批以戰爭為職業、以掠奪為榮譽的新興貴族，在成吉思汗黃金家族的指揮下，不斷地對外發動侵略戰爭，鐵蹄遍及亞歐大陸的許多地區。成吉思汗及蒙古軍隊的戰績，可謂前無古人。在東亞先後消滅西夏、金和南宋，並且在蒙古國時期發動了三次大規模的西征，攻滅中亞多個文明大國，攻陷莫斯科(今屬俄羅斯)。所到之處夷平城市、殺戮青壯、強逼俘虜打頭陣等，用各種方法摧毀敵人。有人認為成吉思汗的軍隊摧毀了古老腐朽的亞歐大國，加速了歐洲發展的進程，亦有人認為他給亞歐地區帶來沉重的災難。

成吉思汗年表

1162年	出生於乞顏部
1189年	被推舉為蒙古乞顏部可汗
1206年	統一蒙古高原，號成吉思汗
1207年	第一次征西夏
1209年	再征西夏，西夏納女請和
1211年	發兵攻金，殲金軍於澮河堡
1215年	攻佔金中都
1219年	西征中亞花剌子模
1227年	死於征西夏途中

成吉思汗銅像

成吉思汗陵

這座陵墓是後人為紀念成吉思汗建造的，位於內蒙古伊金霍洛旗，伊金霍洛是蒙古語"帝王陵墓"的意思。

小辭典

***札撒：**是命令、法規的意思。

***黃金家族：**是對成吉思汗家族的尊稱，黃金取其尊貴的意思。

震動世界的戰爭之波

④ 疆域遼闊的蒙元帝國

蒙元時期，通過三次大規模的西征、南侵和分封，蒙古人逐步建立起一個橫跨歐亞兩洲、規模空前的軍事大帝國。野蠻的軍事征服既對佔領區造成了巨大的破壞，也為亞歐之間頻繁的物質文化交流創造了條件。

橫跨歐亞的大帝國

蒙古人建立橫跨歐亞的大帝國的事業是從成吉思汗西征開始的。1219年，成吉思汗興兵二十萬大舉西征中亞強國花剌子模，滅其國後，在其故土上任命官吏，實行管理。另派偏師在伏爾加河流域打敗欽察和俄羅斯聯軍。在這次長達六年的征戰中，成吉思汗征服了中亞至南俄羅斯的廣大地區，蒙古人的軍威首次震撼歐洲。此後，成吉思汗的子孫遵照其遺訓，於1235年、1252年又兩次西征，不僅橫掃中亞、西亞，而且將兵鋒直指歐洲。1243年拔都在伏爾加河下游建立欽察汗國；1259年旭烈兀在伊朗地區建立伊兒汗國。通過這三次西征，蒙古人建立了一個橫跨歐亞的軍事帝國，鐵蹄所至，當地原有的社會秩序遭到嚴重破壞，經濟文化受到摧殘，但是，各民族之間的交流和融合，也隨着帝國的建立得以加強。

蒙古軍南下攻略圖

向歐亞大陸擴張的同時，蒙古軍隊四面征討周邊政權，接連攻滅西夏及金，進而攻略中原。1235年，蒙古軍隊第一次大規模攻宋，元世祖至元十三年(1276)南宋滅亡。經過幾十年的征戰，元朝終於一統華夏。

元宗主國與四大汗國的關係

蒙古軍隊在西征的過程中，建立起被稱為"蒙古四大汗國"的欽察汗國、察合台汗國、窩闊台汗國和伊兒汗國，來統治被征服的廣大地區。未入中原時，漠北草原一直是蒙古政權的大本營；入主中原後，元朝是四大汗國共同尊奉的宗主國。四大汗國與元朝驛路相通，朝聘使節往來頻繁，其統治地區與中國的交流在元朝達到極盛。四大汗國中，欽察汗國疆域最遼闊，是中國與東歐這條文明傳播帶的重要環節。來往的商旅、使節眾多，東西方物資、文化交流頻繁。元朝移居中原的欽察人人數眾多，而且很受重用。伊兒汗國和元朝統治者同屬拖雷後裔，關係較其他汗國尤為密切。雙方互派官員、工匠，經濟、文化交流達到空前規模，回回炮技術此時傳入中國。察合台汗國和窩闊台汗國距離蒙古本土較近，1269年公開反對忽必烈的漢化政策，兩國與忽必烈及其繼承者多年為敵，直到14世紀，察合台汗國吞併了窩闊台汗國，才表示承認元朝皇帝的宗主地位。

八思巴文金字銀牌

這是迄今發現聖旨牌中的上品。成吉思汗即汗位時，利用薩滿作了全套的法術，表明自己奉天承運，與長生天相通的神聖地位。牌上刻有"借助長生天的力量，皇帝的名字是神聖不可侵犯的，不尊敬服從的人會定死罪"等字樣。

蒙古汗國納石失辮線袍

主要面料採用方勝聯珠寶花織金錦，衣料考究，手工精細，形制完全是蒙古式的。袍子的右衲底襟左下襬夾層及兩袖口，織有頭戴王冠的人面獅身圖案，具有明顯的中亞風格，反映出蒙古汗國時期草原地區與西方的經濟文化交流。

察合台汗國銀幣

用打印法製成，錢幣正面壓印有庫法文和阿拉伯文，意為"安拉"是唯一的神，背面平滑無字。

草原上的鐵騎

① 從部落兵制到中央兵制

長期盤馬彎弓的遊獵生活，使北方民族人人能鬥擊，沒有兵民之別，有事則舉國皆兵。隨着部落向集權制度發展，採取更便於軍隊指揮的軍事制度勢在必行。遼、夏、金、元在立國後，都建立了集權的軍隊體制，由皇室直接控制一支強悍的中央部隊，在保護皇權的同時，震懾可能存在的地方割據勢力。

全民皆兵

全民皆兵、兵民合一的部落兵制使人口稀少的北方民族，能夠擁有最大的軍事動員能力，保障整個民族的生存和發展。部落既是戰鬥單位，也是生產單位，帶兵的軍官就是本部落的首領。13世紀為伊兒汗國服務的波斯人志費尼在《世界征服者史》中說："世界上，有甚麼軍隊能夠跟蒙古軍匹敵呢？戰爭衝鋒陷陣時，他們像受過訓練的野獸，去追逐獵物，太平無事的日子裏，他們又像是綿羊，生產乳汁、羊毛和其他有用之物。在艱難困苦的境地中，他們毫不抱怨和傾軋。"

皇室軍隊的建立

遼朝皇位由耶律阿保機家族世襲，但保留了選舉可汗的"柴冊儀"。地位最高的大臣"于越"，可以"總知軍國事"，"于越"一職實際是部落聯盟首領的延續。耶律阿保機被推為契丹可汗後，"盡殺諸部大人"，從各部族和漢人居住的州縣中選兩千勇士，組成一支精鋭的宿衛親軍"斡魯朵"，遼朝的皇家軍隊由此建立。遼朝的斡魯朵制對後世產生了深遠影響，蒙古皇帝的斡魯朵制和怯薛軍*（宿衛禁軍）制都來源於此。

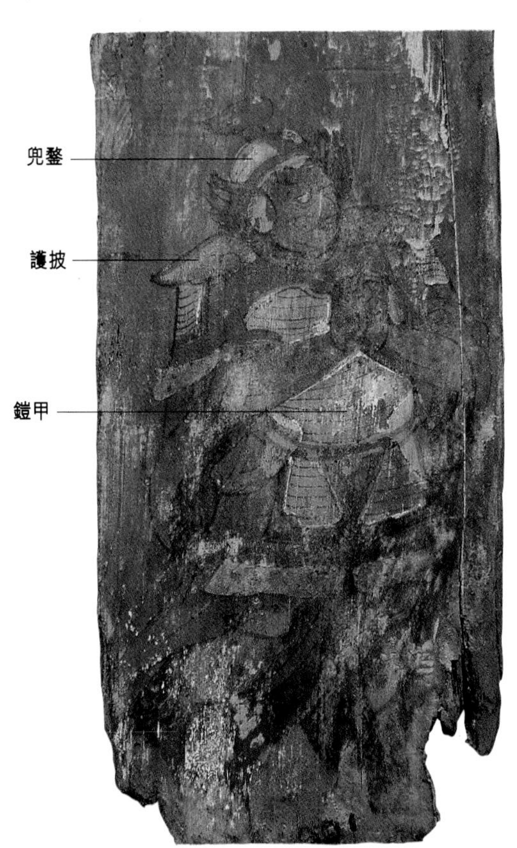

西夏武士像

這是一幅木板彩畫。畫中的武士身穿紅色戰袍，體魄健壯，威風凜凜。

蒙元千戶軍制編制組織圖

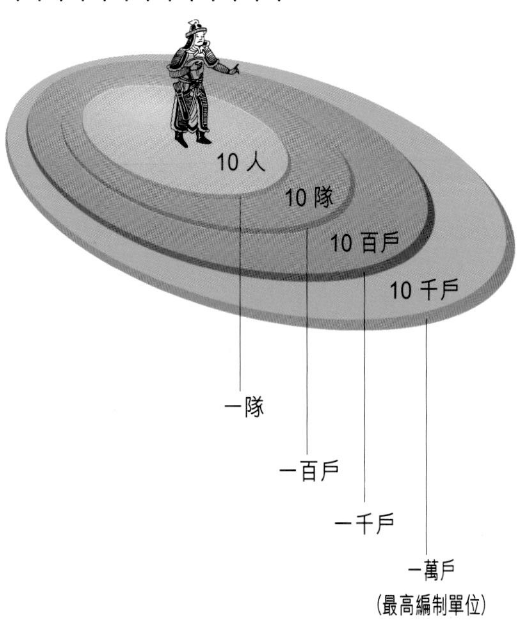

歐亞大帝國從千戶制到軍戶制

遊牧民族建立政權後，積極改革部落兵制。成吉思汗打破以氏族為紐帶的部落聯盟制度，將全蒙古的牧民統一編成數十個千戶，分別授予功臣貴戚，任命其為千戶那顏，劃定其領地範圍，世襲管領。千戶既是軍事單位，又是地方行政單位，它將過去鬆散的部落聯盟組織，改變成層層隸屬、高度集中的軍事體制。蒙古滅金之後，建立了更嚴格的軍戶制，實行兵民分治。軍戶在賦役方面有豁免和優待，但必須世代為兵，不得隨便脱離軍籍，保障了元朝有穩定的兵源；同時，軍戶承擔部分軍費，以減輕政府的負擔。但是後來軍戶的負擔過重，加上軍官的盤剝，常令軍戶破產和逃亡，到元朝晚期，軍戶制實際上已經崩潰。

遼朝中央集權的兵制體系

遼朝中央設立南、北樞密院，分管契丹和漢族的軍政事務。

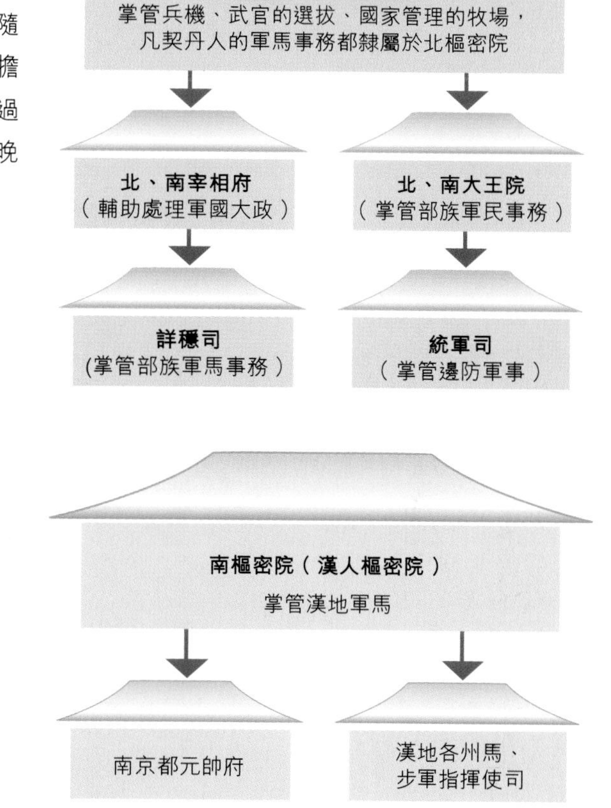

骨朵

武士圖

這是一個遼墓的門神，穿戎裝，巾帶飛揚，莊嚴威武。門神手握契丹傳統兵器——骨朵，這個神話人物實際反映了契丹的武士形象。

***怯薛軍：** 成吉思汗建國後，從各千戶、百戶、十戶那顏(官員的稱謂)和白身子弟(沒有官職爵位的人家)中選拔一萬名健壯、有技能的人，組成怯薛軍，職責是保衛大汗的金帳，跟隨大汗出征。大汗因而直接掌握了一支足以“制輕重之勢”的軍隊，控制在外的諸王和那顏。同時，各級那顏的子弟被徵入怯薛軍中，實際上成了大汗的“質子”。

小辭典

草原上的鐵騎

② 驍勇善戰的騎兵

套馬圖

又稱"二駿圖"，騎馬者梳裹頭長辮，身穿圓領窄袖裘服，生動描繪出金朝女真騎士的形象。

北方民族軍事上的強盛，很大程度上得益於驍勇善戰的騎兵部隊。來去飄忽不定的騎兵，給中原王朝帶來極大的麻煩，使中原人覺得彷彿是在和影子打仗。為了保持一支強大的騎兵部隊，北方民族特別注重馬匹的培養和戰士的訓練，甚至將軍事訓練變成生活的一部分。他們對戰馬的馴養和管理都形成了一套行之有效的規章制度。而在戰爭期間，更廣泛實行自備鞍馬、糧草、兵器的兵役制度。

意義重大的軍事演習——圍獵

圍獵在北方民族生活中有重要的地位，各族統治者均意識到圍獵的重要，正由於那不僅是尋找食物的手段，更是訓練軍隊的上佳方法。因此，北方民族自契丹而下到後世的滿族，圍獵的習慣從沒荒廢過。契丹皇帝要舉行以圍獵生活為內容的獵儀。他們採用"張左右翼"逐漸收攏合圍的方式，與金軍擅長的兩翼包抄的戰術十分相似。蒙元統治者將圍獵看成是一種實戰訓練，成吉思汗認為"戰爭以及戰爭中的殺戮、清點死者和饒恕殘存者，正是按照這種方式進行的"，甚至"每個細節都是吻合的"，通過這種訓練可以使士兵"熟悉弓馬和吃苦耐勞"，了解軍事行動的步驟和形式。蒙古統治者每年冬天舉行的大獵，其範圍往往達一二百里，小規模的圍獵活動更是經常不斷。

軍隊的後備兵力

為了彌補長期戰爭的人員消耗，蒙古統治者將十五歲以下的兒童編成"漸丁軍"（意思是"漸長成丁軍"），作為蒙古軍隊的後備力量。孩子到三歲時，就將他直接"索維"在馬鞍上，讓他手裏拿着器械，在馬上任意奔馳；四五歲時就在馬上練習弓箭；再大一點則經常參加狩獵；十五六歲便參加正式作戰。

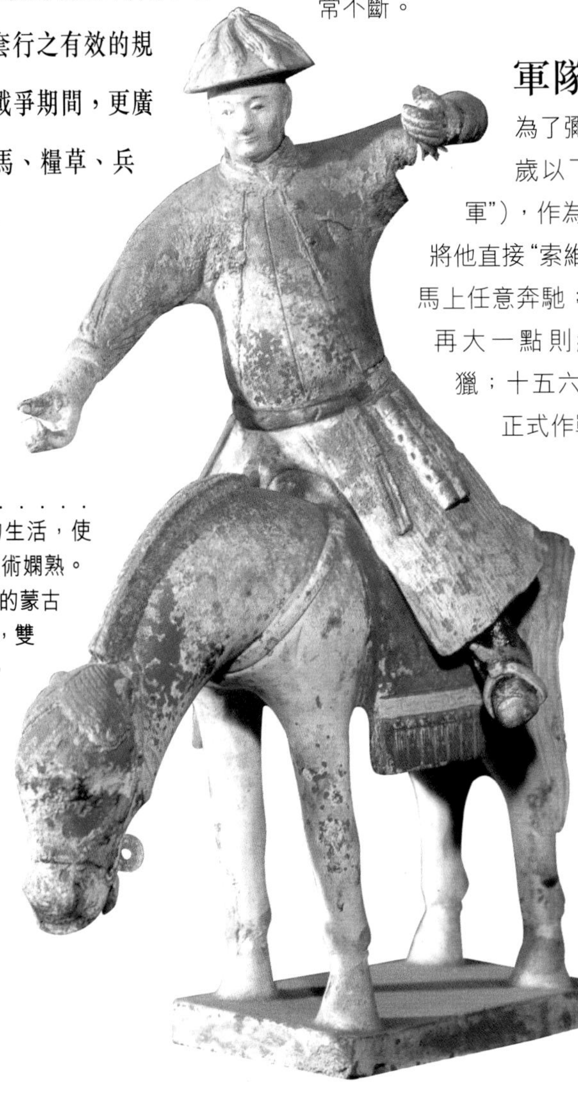

彩繪陶騎馬俑

長年盤馬彎弓的生活，使北方騎兵騎射技術嫻熟。圖中頭戴尖笠帽的蒙古騎士，神情安然，雙手作提韁繩狀，似乎正準備策馬前行。

灰陶馬及牽馬俑

除了作戰，馬匹還承擔運輸工作。這匹馬就負載大量物件，由一位蒙古人牽領。

獨特的兵役與後勤保障

北方民族在戰爭期間廣泛實行自備鞍馬、糧草、兵器的兵役制度。以契丹為例，凡是十五至五十歲的男子都要隸屬兵籍。每正軍一名，需要配備三匹馬，馬具、作戰用具和生活用具都要自備，另配負責打穀草和守營的家丁各一人。進入敵境後，靠掠奪敵方的糧草為食，這種籌措糧草的辦法被稱為“打穀草”，在遼軍攻佔中原地區的過程中，曾經給漢族人民帶來沉重的災難，激起漢族人民的強烈反抗。但也正是這種借糧於敵的後勤方式，解決了蒙古軍隊三次大規模西征的後勤補給問題。

正丁自備的作戰和生活用具

馬具	馬轡、馬甲、繫馬繩200尺
作戰用具	鐵甲9件、弓4張、箭400支、 長短槍、骨朵、斧鉞、小旗
生活用具	錘錐、打火石、馬盂(即皮囊壺)、 貯藏食品的砂袋、搭毛傘等

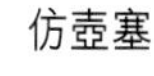

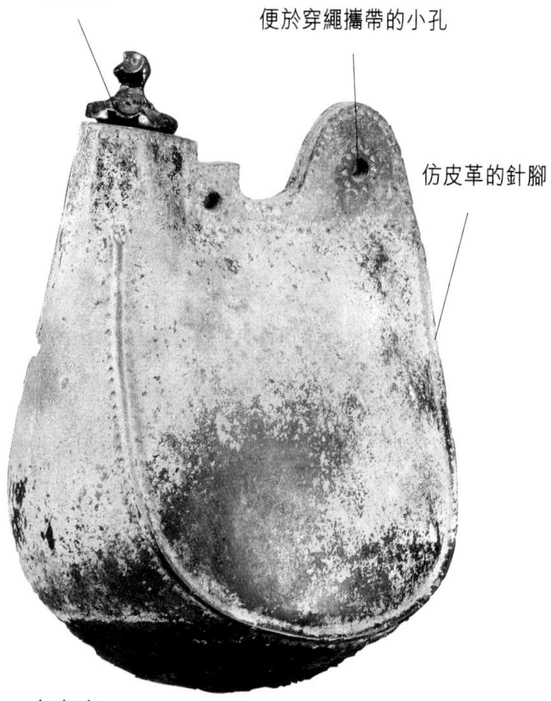

皮囊壺

契丹民族馬上為家，需隨時攜帶水、乳，他們以皮革縫囊盛載，只留小口，以防傾漏。因早期器形上部有雞冠狀飾物，得名“雞冠壺”。在遼墓葬中多有瓷製雞冠壺作隨葬品。此壺腹部下垂仍像容水之囊。

草原上的鐵騎

③馬上得天下

北方民族遷徙、征戰均依賴於戰馬，行程漫長的戰線和大規模戰爭之後馬匹的損失補充，對馬匹的品種、數量、體質以及與之相配的馬具均提出相當高的要求，殘酷的生存環境和漫長而頻繁的征戰，使這些遊牧民族在馴養戰馬方面積累了豐富的經驗，並逐漸形成一套行之有效的規章制度。

戰馬的管理制度

遼朝飼養的牲畜以馬、羊的數量最多。草原上盛產名馬。北宋使臣蘇頌在契丹看到“契丹馬羣，動以千數，每羣牧者，才二三人而已。縱其逐水草，不復羈絆，有役則驅策而用，終日馳驟而力不困乏”。契丹以騎兵為立國的根本，養馬數量的多少，直接關係到國家武力的強弱。為了保證馬匹的供應，朝廷選擇最好的牧場，設立專門的羣牧使司進行管理。

金海陵王南侵中原時，曾徵調戰馬五十六萬匹，可見馬匹數量之巨。元朝戰馬的總數屬於國家機密，不得其詳，但應當是相當可觀的。北方民族大多是在秋高馬肥的時候發起侵掠，這時能夠充分發揮騎兵的作用。

科學的養馬之法

為了保證戰馬的精良，蒙古人實行一整套科學的“養馬法”，戰馬經過三年的訓練後，能夠達到千百成羣而寂靜無聲，不用控馭也不走散，馳騁數百里而無汗，從而有了一支被稱為“天下第一騎兵”的強大部隊，蒙古軍隊中專門設立了管理戰馬的官吏——“兀剌赤”和“闊端赤”。“兀剌赤”是主管車馬和牧馬的官，蒙古軍隊的馬，多是四五百匹為羣的，“兀剌赤”負責飼養、調教馬羣，還要經常在早晚率領馬隊接受檢閱。“闊端赤”是專門掌管從馬的官吏，從馬是供騎兵作戰時輪換使用的馬匹，“闊端赤”要保證戰馬處於良好的臨戰狀態。

陶馬俑

蒙古馬是中國主要的馬種之一，遼金元時代曾經大量輸入中原地區。

果下馬：高麗的特產，是一種可以在“果樹下乘騎”的小馬。今廣東西南部亦出產果下馬。

蒙古馬種與其他馬種的比較

當時全世界有二百多個品種的馬，中國就有三十餘種。

名稱	主要產地	特點
蒙古馬	蒙古高原	適應力強，耐粗飼，持久力強。
哈薩克馬	天山與阿爾泰山之間	古稱“天馬”，役用能力強。
西南馬	今四川、雲南、貴州	小型山地馬。
阿拉伯馬	阿拉伯半島	騎乘型馬種，高頭長腿，膘肥體壯。
阿爾登馬	今比利時和法國交界處的阿爾登山區	重挽型馬中體格最小，肌肉發達，繁殖力強。

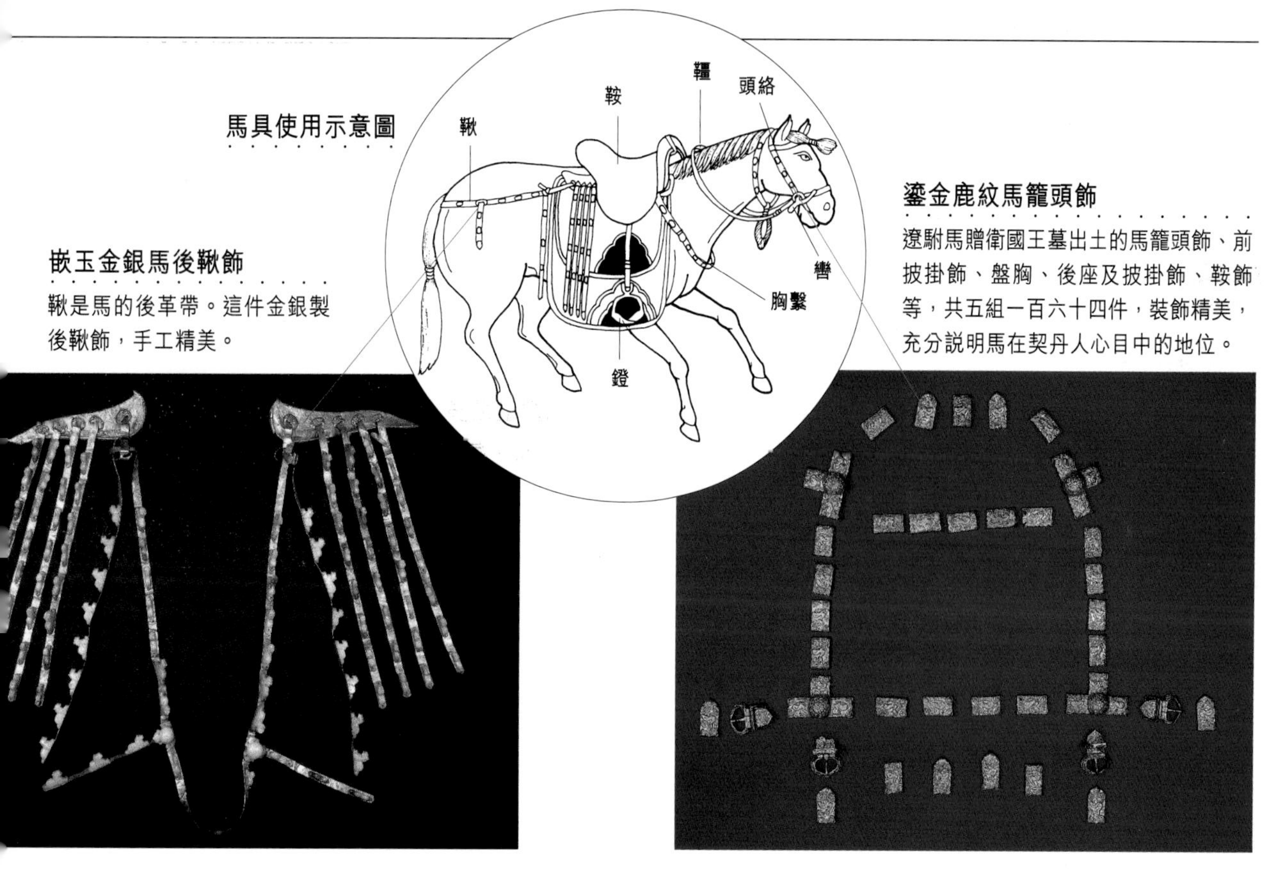

嵌玉金銀馬後鞦飾

鞦是馬的後革帶。這件金銀製後鞦飾，手工精美。

鎏金鹿紋馬籠頭飾

遼駙馬贈衛國王墓出土的馬籠頭飾、前披掛飾、盤胸、後座及披掛飾、鞍飾等，共五組一百六十四件，裝飾精美，充分説明馬在契丹人心目中的地位。

顯示華貴的金鞍銀轡

遊牧民族生活、作戰中可以説須臾不能離開馬匹，因此對於馬匹寵愛有加。例如契丹人，他們精心裝扮馬匹，其馬鞍被北宋人評為“天下第一”。耶律羽之墓、遼駙馬贈衛國王蕭沙姑墓出土的鍍金飛鳳銀鞍飾、鍍金龍戲珠鞍飾等，集中體現了契丹金銀鞍轡製作工藝的精湛水平。他們使用了包金銀技法，採用多層次的鏨刻工藝，呈現富有層次的浮雕裝飾效果。契丹皇帝送給宋朝皇帝禮物中的“金塗銀鞍轡”，是在鞍上凸起來的龍、鳳、捲草等花紋上加以鎏金鏨花，從而形成的銀地金花，使得器具顯得華貴富麗，無怪乎連奢靡的宋徽宗見了以後也要驚嘆遼之鞍勒“率皆瓌奇”。

遼朝草原上的主要馬種

西域、中亞馬：來自西域、中亞地區的名馬，高頭長腿，膘肥體壯，充滿活力。遼朝與西域、中亞地區通過草原絲綢之路，有廣泛的物質文化交流，西域、中亞地區曾多次向遼貢獻良馬。

古代蒙古馬：草原上的主要馬種，小頭、細頸、身軀壯碩，被當時少數民族稱為“改馬”。這種馬休息的時候，垂首貼耳，看似羸弱，驅策時則精神百倍。

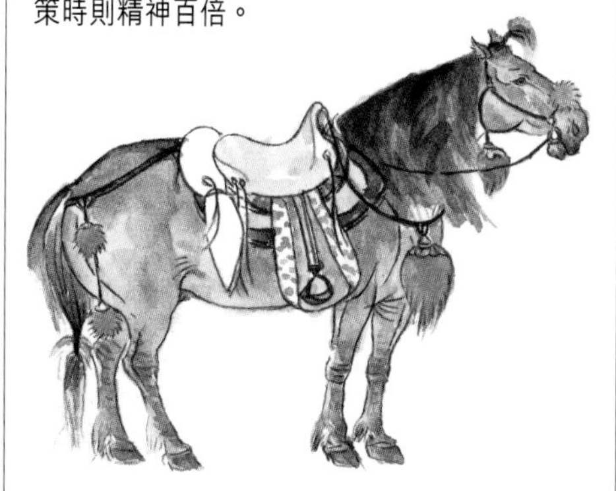

草原上的鐵騎

④ 適應騎兵的特殊兵器

北方民族“長於騎射”，各種適應馬上作戰的武器裝備應運而生，其中既有遠距離進攻的弓箭類遠射武器，也有貼身作戰用的格鬥兵器，還有保護自身的防護裝備，在這些方面他們除了繼承本民族的傳統優勢之外，還積極向其他民族學習，不斷加以革新和創造，壯大了自己的軍事實力。

挽弓當挽強

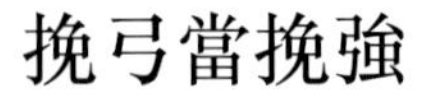

弓箭是北方民族最常用的遠射武器。尤其是遠程的強弓，是能騎善射的北方民族的殺着，在馬隊衝擊前，殺敵於無還手之地，摧毀敵軍抵抗意志，為騎兵衝刺創造最有利的條件。早在西周時候，女真人的祖先東北的肅慎人已經將他們製作的弓箭作為貢品向中原進獻了。金軍由於馬上開弓，所以並不強調弓的射程，他們使用的弓力僅為七斗，相當於宋軍三等士兵所使用的弓，但是箭鏃的種類較多，其中窄三楞形的穿甲鐵鏃，殺傷力很強。蒙古軍專精騎射，弓箭種類較豐富，滅宋以後利用宋朝工匠製作的神風弩，射程達八百步之遙。這對於一個興起初期只能使用骨質箭頭的民族來説，進步是巨大的。蒙古人善於學習其他民族的軍事長處，所以才能在龐大的地域範圍內實現軍事征服。

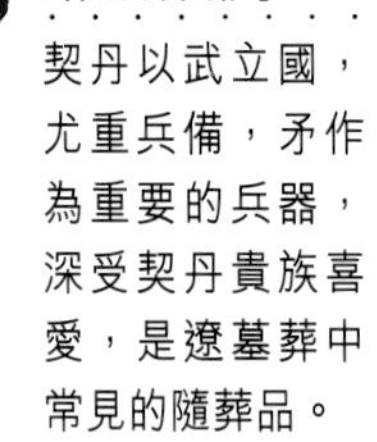

錯金銀鐵矛

契丹以武立國，尤重兵備，矛作為重要的兵器，深受契丹貴族喜愛，是遼墓葬中常見的隨葬品。

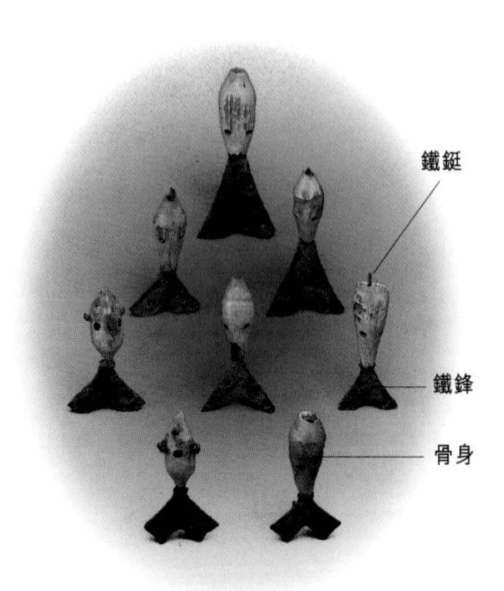

鳴鏑

鳴鏑即響箭，是一種在草原地帶進行遠距離軍事聯絡的工具。鳴鏑由骨身、鐵鋒、鐵鋌組成。骨身上有孔，借助強弓挽射，可以發信號或者報警。

格鬥兵器

常用的格鬥兵器種類較多。遼朝騎兵隨身攜帶的有長短槍、骨朵和斧鉞。黨項人有“天下第一”盛譽的“夏人劍”，宋欽宗就經常把“夏人劍”佩帶在身上。金朝的窄柳葉條狀鐵矛矛頭呈槍尖式，中間起脊明顯，對付金屬鎧甲十分有效，一直沿用到明清時期。金軍使用的直身單刃戰刀和向彎形戰刀過渡的軍刀，代表了騎兵用刀的發展方向。元朝還有一種模仿回回樣式的“環刀”，“輕便而犀利”。元朝常用的長兵器有標槍，與以往的標槍形制不同，它的兩頭有刃，既可以投擲，又可以作為長槍；短兵器有刀、斧、劍等，斧是元軍善用的兵器，往往和劍配合使用。

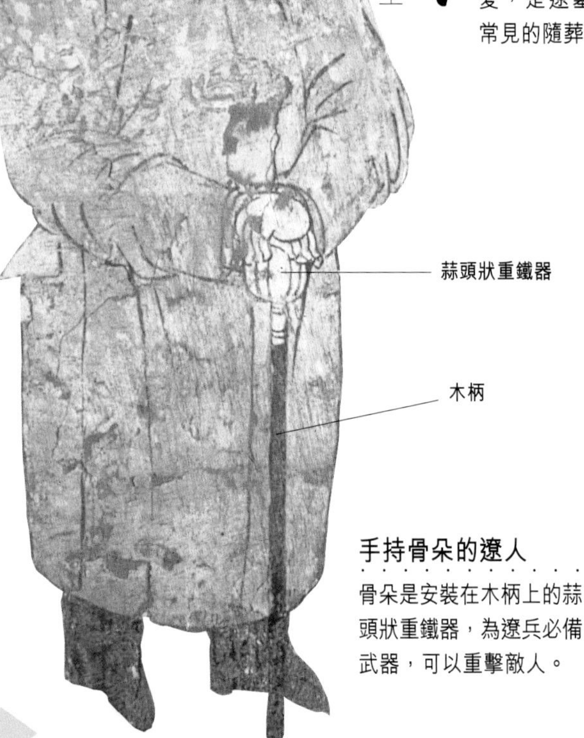

手持骨朵的遼人

骨朵是安裝在木柄上的蒜頭狀重鐵器，為遼兵必備武器，可以重擊敵人。

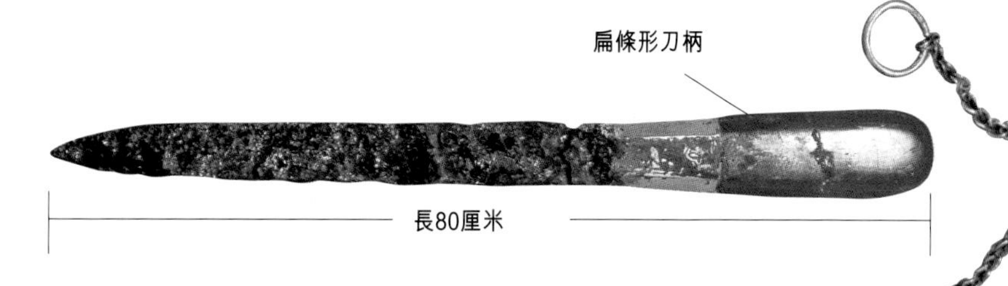

元朝鐵戰刀

刀是元軍常用的格鬥兵器。這把元朝鐵戰刀，刀柄呈扁條形，上有三孔，據推測，原來刀柄上接有長木柄。

防護裝備

北方民族對於鎧甲十分重視。遼朝在顯州（治今遼寧北寧西南）專門置"甲坊"，不但士兵披掛戰甲，馬也披掛了鐵甲或者皮甲。西夏軍隊使用的鎧甲有先進的冷鍛工藝做保證，"非勁弩不可入"。金兵在建國前尚不具備鍛製鎧甲的能力，但是在與遼軍作戰後發展很快，在與宋軍作戰時，他們用號稱"鐵浮屠"的重裝騎兵為中心，作為衝鋒陷陣的主力，士兵披掛的鱗狀鐵鎧甲具有很好的防護能力。元軍甲胄製作極其精緻，騎兵多披網甲（連環鎖子甲），它是用鐵絲、銅絲將鐵甲片連接而成，內裏襯以牛皮。

銅錘

元軍甲胄

草原上的鐵騎

⑤ 騎兵的謀略與戰術

遊牧民族逐水草而居，往往以擄掠財富為戰爭目的，輕視一城一地的得失。遠途奔襲，速戰速決，符合騎兵的優勢，因此往往利用騎兵強大的正面衝擊和側翼迂迴的能力，或千里奔襲，或遠道增援，或輕兵邀擊，或重兵集結，掌握戰爭的主動權。

神出鬼沒的騎兵

遊牧民族騎兵的作戰方法都很接近，成吉思汗曾總結北方騎兵的作戰經驗：首先，在大軍開進時，發精兵四散而出，在一二百里的範圍內神速偵察、警戒、隱蔽，這是步兵無法做到的；其次，在佈陣時，千方百計將敵人引誘到曠野平川，採用大迂迴、大包圍，以少數兵力包圍敵人，或聚或散，或進或退，或出或沒，使敵人始終處於被動之中；再次，在進攻時縱深突擊，乘敵人混亂之機直搗中軍大帳。這種靈活機動的作戰方式，其實來源於他們傳統的遊獵生活。

從勇悍善戰到兵法謀略

北方少數民族中，敬畏神靈、天佑神助的觀念盛行，他們認為決定戰爭勝負和戰士生死的，是神靈的意志，因而民風特別"勇悍"。女真族之中，黃頭女真的文明程度較低，甚至"不能辨生死"，所以女真人出戰，經常派黃

輕重甲騎兵混編陣形示意圖

1. 對付步兵時，北方民族往往採用輕重甲騎兵混編的方式作戰。
2. 重甲騎兵用來對付弓箭兵的攻擊，常常是重甲騎兵開道，輕甲騎兵或步兵配合協同作戰。
3. 輕甲騎兵高速衝擊軍心不穩、立足不定的步兵，使其一潰千里。

"鐵浮屠"攻城示意圖

在對宋戰爭中，為了攻破宋的城池，北方軍隊曾組織了敢死隊，金軍就組建了號稱"鐵浮屠"的攻城隊伍。但這種硬拼硬打的攻城方法，不僅行動遲緩，而且士兵傷亡慘重。

頭女真為前驅，號稱"硬軍"。早期北方民族作戰的英勇和治軍的嚴格，給中原人留下深刻的印象。

戰爭中，以步兵為主的宋朝軍隊難以阻擋北方騎兵的縱橫馳騁，屢戰屢敗之後，開始依靠河流湖泊、峻嶺崇山和高城深池，構築龐大的防禦體系來抵抗騎兵的襲掠，使騎兵的優勢大為減弱。北方王朝先後採用圍城打援、組織敢死隊攻城，均無法取勝，便積極吸收中原先進的攻城方法。例如金兵在第二次進攻開封時，攻城用的雲梯、火梯、對樓、洞屋等器械用鐵皮防護，耐石擊火焚，就是從宋軍那裏學來的。尤其是對當時最先進的攻城武器——炮的熟練運用，讓一向善於守城的宋軍也難以對付。

崇信戰騎的力量

北方民族習慣於利用騎兵的優勢打進攻戰，卻不善於利用城市來打防禦戰。除了西夏在蒙古軍隊的強大攻勢之下，採取憑城堅守的方針之外，契丹人、女真人都依舊迷戀往日"馬上得天下"的輝煌，在敵人強大的攻勢面前，不是組織有效的防禦，而是寄望於一兩次野外大規模的會戰解決問題。金兵滅遼和元兵滅金，都是在一兩次會戰之後，殲滅了敵方主力的。

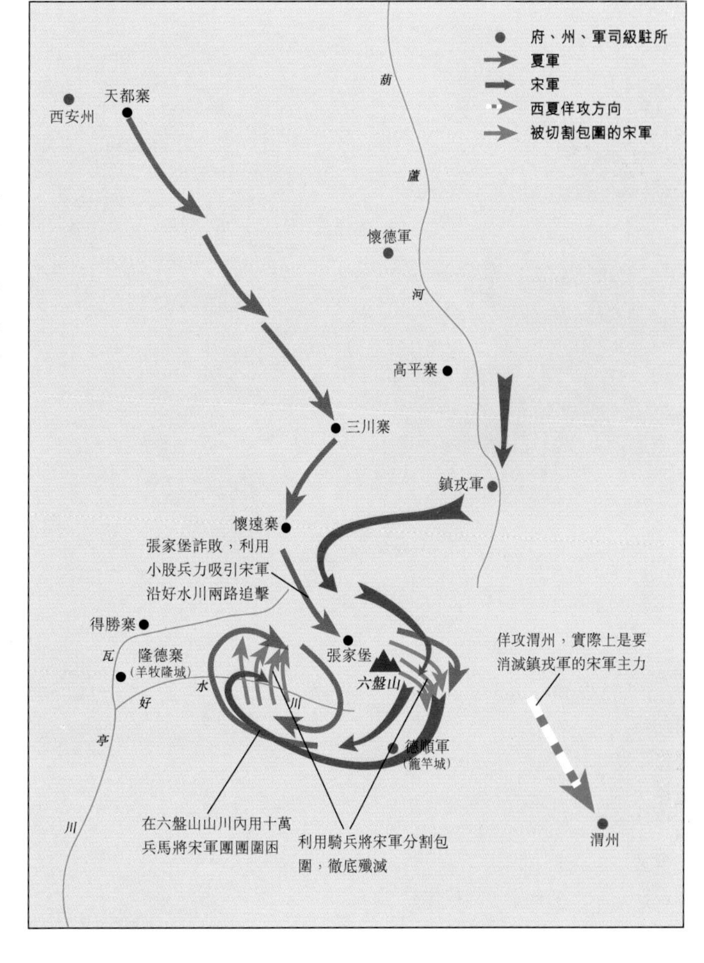

宋夏好水川之戰示意圖

好水川之戰是宋和西夏之間一次大規模戰爭，西夏軍隊充分發揮騎兵的優勢，給宋軍造成慘重損失。

⑥ 新戰法與新兵種

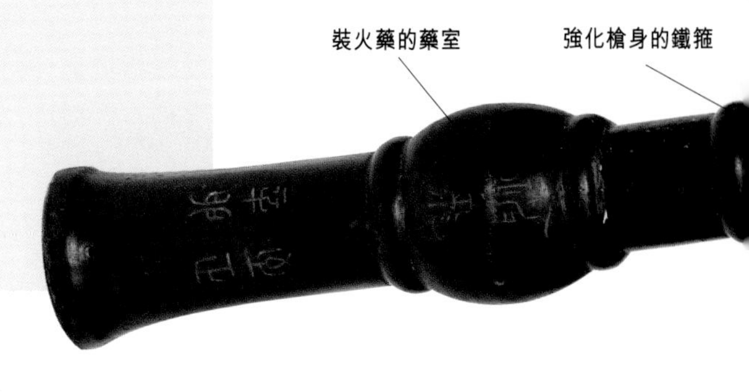

迫於生存發展的需要和對中原財富的渴求，北方民族對宋朝及其相互之間的戰爭，由掠奪向擴張轉化。根據作戰地理形勢的不同和對宋朝軍隊作戰優劣的認識，他們在繼續發揮傳統作戰優勢的同時，也重視總結和汲取敵我雙方在戰場上的經驗教訓，不斷運用新的戰術思想和新的武器裝備，大大提高了他們作戰取勝的可能。

攻城器械

從遼朝開始，北方民族興建了許多防禦性的城市，在相互的城市攻堅戰中，攻城器械有長足的進步。女真人建國之前，攻城器械相當簡陋，基本上採用長期圍困的辦法，但到攻打開封時，已經使用了九梢拋射機、火梯、雲梯、對樓、鵝車、洞屋等器械。蒙古人進攻金中都時，受到金軍炮兵的攻擊，傷亡慘重。成吉思汗遂下令組建蒙古炮兵，以後大的戰役都有炮兵參加。

火器在實戰中的運用

對火器這種先進武器，北方民族和中原王朝都非常重視。宋朝嚴格控制製造火器的材料外流，但還是被遼朝竊取到。金朝不僅得到遼和宋的火器製作技術，而且逐漸擴大的疆域包括了北宋製造火藥、火器的幾個中心，火

回鶻寺內的攻城圖壁畫，重現了北方少數民族攻城的場面。

攻城圖之一

攻城圖之二

攻城圖之三

銅火銃（複製品）

火銃是一種管形射擊火器，是現代槍炮的雛形。元朝晚期的火銃銃管加長，除銃口和藥室外，在銃管上也加鑄固箍，以增加裝藥量，提高殺傷力。元軍中有"火銃什伍相連"的炮兵部隊。蒙古軍三次西征，火藥發揮了巨大的威力。它的西傳，加速了歐洲封建時代的結束。

元至順三年銅炮銘文

1332年製造，是世界上現存最早的有紀年的銅炮。與火銃相比，其結構複雜，鑄造精良。

器製作技術遂有了長足的發展，製作出"飛火槍"、"震天雷"等先進的火器。元朝在軍事領域中廣泛使用火器，其製造受政府嚴格控制。一次揚州火器製造場發生爆炸，工場人員死亡一百多人，波及鄰近二百多家民居，可見其生產規模。火器的出現，意味着冷兵器時代行將結束，而騎兵稱雄的時代也不可避免地將宣告終結。

完備的兵種

北方民族軍隊早期均以騎兵為主，以後隨着戰場向中原和江南推進以及戰爭目的變化，為適應不同戰場的作戰需要，他們汲取宋軍兵種配合的作戰方法，將軍隊擴充為騎兵、步兵、炮兵、弩兵和工兵等兵種。炮兵是城池攻防戰中的主力，遼、金、元都有自己的炮兵部隊。元軍有單獨編制的回回炮手軍匠上萬戶府和炮手萬戶府，還有隸屬於其他萬戶府的炮手千戶所。弩兵是戰鬥力很強的機動部隊，黨項的"強弩軍"屢立戰功。元朝宿衛軍中的五衛侍衛親軍中，都設有弩軍千戶所；武衛親軍和上都虎賁親軍，主要擔任修築城防工事的任務，屬於專業性的工兵。北方王朝的步兵多以漢族人為主體，在戰鬥中作為前驅，這也是民族歧視的一種表現。

元至順三年銅炮

水軍的建立

北方民族的兵種以騎兵為核心的陸軍為主，元朝認識到金兵之所以沒有統一中國，是由於不善水戰，於是積極籌建有利長江兩岸作戰的水軍。忽必烈滅南宋的五次重大戰役中，水軍均參加或單獨作戰，成為元朝統一中國的一支重要力量。

拋石機示意圖

元朝僱用回回人製造的拋石機，被忽必烈稱為"巨石炮"，相對以前的炮，它既省人力，又具有更大的威力。據説它"聲震天地，所擊無不摧陷"。

立國之本

① 根植於遊獵生活的政治制度

遊牧狩獵是北方民族的傳統生活方式，即使建國之後，北方民族仍保存着許多根植於遊獵生活的政治制度。這些制度在政權的確立和鞏固過程中發揮過重要作用。它們的發展和演變，體現了這些民族既保持故俗，又適應歷史潮流，改變舊俗，向中原先進的國家體制轉變的過程。

長18厘米

玉柄銀錐

這就是史書所載遼朝貴族春季"捺鉢"專用的刺鵝錐。春季捺鉢最隆重的活動是獵取頭鵝。海東青將天鵝搏擊在地，近侍就用隨身的刺鵝錐取出鵝腦餵鷹。皇帝用頭鵝獻祭祖先，君臣舉酒相慶，頭上插上鵝毛以為樂。

遊獵與國家機構移動

遊牧民族雖然設立都城，但國家機構並不像中原王朝那樣固定，仍帶有遊獵生活的色彩。遼朝"四季捺鉢"制就體現了遊牧生活的特色。"捺鉢"是契丹語，指皇帝出獵時的行營。除了夏季避暑以外，其餘三季都有專門的遊獵活動：春季捕鵝雁，秋季射鹿，冬季破冰釣魚；每季地點不同，大概到中期才比較固定。捺鉢不但是遊獵活動，也是遼朝皇帝保存尚武本色，加強部族團結，鞏固南北政治統一的一項重要政治制度。遼以後的金元各朝，都保留有類似的制度。

從興兵合議到中央兵權

北方王朝都有一個從部落兵制向中央集權兵制的過渡。部落兵制的兵權操於各個部落首領手中，每有征戰，則大小軍事首領相與謀劃。契丹建國前

興兵合議的場面

"興兵合議"是北方民族部落時代採取的民主決策制度，在建國之後，雖然向中央集權兵制過渡，但"興兵合議"的影響仍一直存在。這是一幅古畫的摹本，"興兵合議"的場面應與此相近。

文姬歸漢圖中的胡人騎士

這幅金朝的畫描繪的雖然是蔡文姬重返中原的故事，但畫中的胡人騎士實際是早期女真人的形象，迎寒風前進的神態十分生動。

由八個部落組成聯盟，部落兵制和“興兵合議”的軍事決策制，被看成是天經地義的事情。契丹建國以後，設立天下兵馬大元帥，將兵權逐漸集中到皇室手中。遼朝中晚期，進一步仿效中原的兵制，設立樞密使，使軍隊組織更趨嚴密，皇室控制能力更強。

金朝的中央兵制之路

金初大貴族聯合執政的特徵明顯，“國論勃極烈”是國家最高權力機關。由皇位繼承人與女真大家族構成的“勃極烈”(官長)，與皇帝共同決策軍政大事。

地方實行猛安謀克制。建國早期“以三百戶為一謀克，十謀克為一猛安”，猛安謀克具有軍事、政治、生產三種職能，官爵世襲。遇有征戰，猛安謀克官員有義務率領本部出征。遷都中都後，金朝確立尚書省一省制，統一地方官制，法律上也從“一依本朝舊制”到“盡行中國法”，其漢化程度要比契丹人徹底。

撒土渾謀克印

這是金朝猛安謀克制的物證，印文為“撒土渾謀克印”，左邊款刻“繫納里渾猛安下”，說明撒土渾謀克是在納里渾猛安管轄之下的。

沿襲蒙古舊習的忽里台制

“忽里台”是蒙古語大聚會的意思。蒙古人從氏族部落時代起，關於氏族部落酋長的選舉、戰爭、圍獵等大事的決策，隆重的宗教活動的舉行等等，都是由忽里台大會決定。成吉思汗就是通過忽里台大會成為蒙古大汗的。元朝建立後，忽里台制度仍長期作為皇親貴戚的特權而保留下來，皇位繼承、重大政務、宗族成員的賞罰等，都要由忽里台大會作決定。

立國之本

② 民族統治方略

佔領中原土地後，各族都要面對如何統治漢人，如何建立穩定的多民族國家的問題。遼朝和元朝所採取的措施正好代表兩種完全不同的方法。

四等人制的人數

南人 6000萬人

漢人 約1000萬人

蒙古人 約100萬人

色目人 約100萬人

因俗而治的開明統治

遼朝轄域內包括了眾多的民族，這些民族的發展階段各不相同，統治者採取"以國制治契丹，以漢制待漢人"的明智政策，分而治之。對境內契丹和西北遊牧民族實行原有的部落統治方法；渤海地區是唐渤海國故地，受唐文化影響大，漢化程度高，則實行原有的封建制；南部燕雲十六州地區實行漢人傳統的政治制度。司法制度也南北有別，但蕃律和漢法漸趨統一，宋人也説遼"凡四姓相犯，皆用漢法"。這種開明政策，對於鞏固多民族的政權，起了良好的作用。

西夏政權也特別注重招徠宋朝的失意人士為己用，重要官職"皆分命蕃漢人為之"。

四等人制

元朝推行民族分化政策，四等人制就集中反映了元朝的民族壓迫。元朝根據民族和地區被征服的先後，將全國人口劃分為蒙古人、色目人、漢人和南人四個等級。蒙古人被視為"自家骨肉"；色目人在元朝政治、經濟中佔有較高的地位；漢人指淮河以北原金朝境內的漢族和契丹、女真等族，以及

天王腳踏漢族婦女像

元朝民族等級森嚴，尤以漢族的社會地位最低。今北京昌平區居庸關雲台的天王踏漢族婦女像，實際上是元朝漢族備受各級政府欺壓的真實反映。

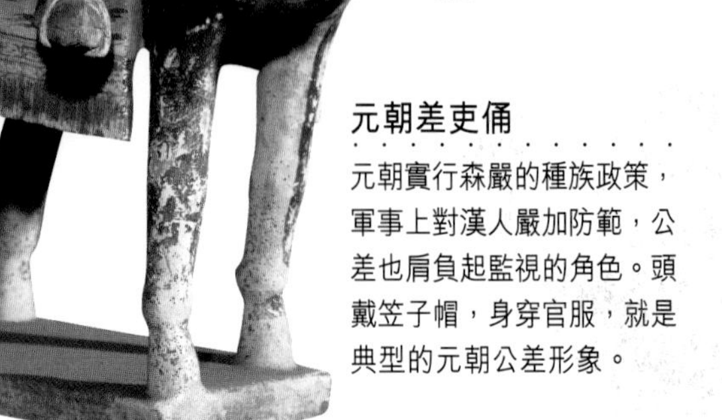

元朝差吏俑

元朝實行森嚴的種族政策，軍事上對漢人嚴加防範，公差也肩負起監視的角色。頭戴笠子帽，身穿官服，就是典型的元朝公差形象。

色目人俑

元朝的色目人是對蒙古以外的西北各族、西域以至東歐各族人的統稱，其面貌特徵不同於南人，政治、經濟地位也高於南人。

較早被蒙古人征服的四川、雲南省人；南人指最後被元軍征服的原南宋境內的各個民族。在任用官吏、法律地位以及其他權利、義務方面都存在明顯的民族歧視。在軍事上對漢人和南人也嚴加防範，為了防止南人造反，甚至曾經禁止農家使用鐵禾叉。四等人制使元朝社會矛盾尖鋭複雜，加速了元朝的滅亡。

元朝的色目人

“色目”原意是多種類的意思。“色目人”的稱謂在唐朝已經出現，指參加唐朝科舉考試的外國人。元朝的色目人沿用唐、宋以來的含義，指入居中國的東起今新疆、西到東歐的諸族。元朝色目人有三十種左右，他們對蒙元的經濟文化有重要影響。

遼朝文官像

遼朝南部燕雲十六州任用漢族官員，實行漢人傳統的政治制度。這個遼墓壁畫中的文官形象，穿漢式官服，應為當時遼南境的漢族官員。

雲台天王像

今北京昌平區居庸關雲台為一漢白玉砌成的過街塔基座。台座中間南北向開一券門，券洞內兩壁有元朝時雕刻的四大天王像。天王神情勇猛威嚴，身後有漢族武士和蒙古武士各一人。

立國之本

③ 全面推行漢化政策

北方民族以少數統治眾多的漢人，經過一個時期尖銳的民族衝突之後，都意識到必須用中原"漢法"才能夠統治漢人。西夏"得中國土地、役中國人力、稱中國位號、仿中國官屬、任中國賢才、讀中國書籍、用中國車服、行中國法令"，説明漢族政治制度對少數民族的廣泛影響。

遼朝文官圖
壁畫中的遼朝文官的形象，服飾與北宋的文官有點相似，反映出契丹人的漢化程度。

政治與法律體系的漢化

成吉思汗深諳治國之道，建國之始就設立"治刑獄"的札魯忽赤（斷事官），作為蒙古國的最高行政長官，掌握民戶的分配和審理案件，傳達成吉思汗的旨意。法律的制訂對鞏固新興的國家政權很重要，因此遼夏金元的統治者都很留意法律的制訂和實施，除保留原有的習慣法之外，還積極仿效漢族的法律制度，甚至採用漢族的刑名。建立法律制度的同時，也積極仿效漢族的政治體制，鞏固自身的統治。主要表現在中央以尚書省或中書省為代表的文官體系、以樞密院為代表的武官體系和以州縣設置為代表的地方管理系統的確立上。

儒學與文廟制度

遼夏金元的統治者均視儒家思想為治理國家的指導思想，各朝廣泛開辦學校，設立科舉，推動了程朱理學的傳播。宋金對峙時，北方儒士對南宋程朱理學缺乏了解；金朝貞祐南遷之後，金朝儒士從南宋使臣那裏有了初步了解；到元朝，程朱理學在思想學術界已確立主導地位，這是中國思想史上的重要變化。

西夏仁宗時正式宣佈尊孔子為文宣帝，下令各州郡立廟祭祀。元朝大力推行文廟制度。大德十一年（1307），加謚孔子為"大成至聖文宣王"，後來在文廟中改變了孔子與顏子、孟子並坐的方式，以孔子居中，其他儒者配享，從而統一了全國的文廟制度。

科舉制度的確立

遼夏金科舉制度經歷了一個由權宜向定制的發展過程，雖然各有差別，但都帶有安撫漢人、鞏固統治的傾向。遼朝的科舉考試重詞賦、輕經律，專門為選漢官、取漢士而設立，供漢人和渤海人參加，對契丹人則限制甚嚴。西夏元昊建立"蕃學"以抗衡中國，已有科舉取士的性質。仁宗以後，科舉成為升官進爵的主要途徑。金滅遼，凡事都想超拔其上，進士科目兼採唐宋之法而加以增減，考試則以詞賦為重，三蘇之學盛行。元朝的科舉考試比較特殊，蒙古貴族以弓馬取天下，重武輕文，蒙古人、色目人有多種途徑進身為官，科舉考試直到仁宗皇慶年間才正式開始，共舉行了十六次，只設進士一科。元朝通過科舉考試取得官位的文官，還不到元朝文官總數的3%，因此，元朝科舉考試的地位，遠遠不及其他朝代重要。

北京孔廟內景

北京的孔廟創建於元大德六年（1302），是元朝至清朝政府祭祀孔子的場所。

備經圖

這是一幅遼墓壁畫，當中兩位遼朝儒士正在整理經書，從側面説明儒學的推廣已有一定成效。

《蒙求》刻本

《蒙求》原為唐人李翰撰寫的兒童啟蒙讀物，四字一句，方便小孩子記誦。此遼朝出土的《蒙求》刻本，為三卷白文本，文字訛誤少，接近唐原本。

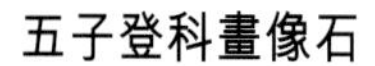

五子登科畫像石

這件畫像石以五個童子摘取樹梢上的風箏為主題。“棵”、“科”音同，童子攀樹，有“登科”的寓意。

仿中原而變化的西夏王陵

西夏王陵位於今寧夏銀川市以西、賀蘭山東麓，在東西約5公里、南北約10公里的範圍內，共有九座帝陵、一百九十三座陪葬墓。西夏陵寢制度受宋朝陵寢制度的顯著影響，但同時具有黨項族的鮮明特色。

西夏的陵園制度仿效宋朝，選址講究風水堪輿，排列可能用左昭右穆葬法。陵園由陵城、月城組成，基本結構呈"凸"字形，與宋陵的方形平面不同。在月城之前、鵲台之後增加了兩座碑亭，突出了墓碑的地位。唐宋以來，陵園都有獻殿（上宮）、寢殿（下宮）兩種禮儀性建

西夏陵園鳥瞰圖

高出地面、形似魚脊的土壟是墓道上的填土。

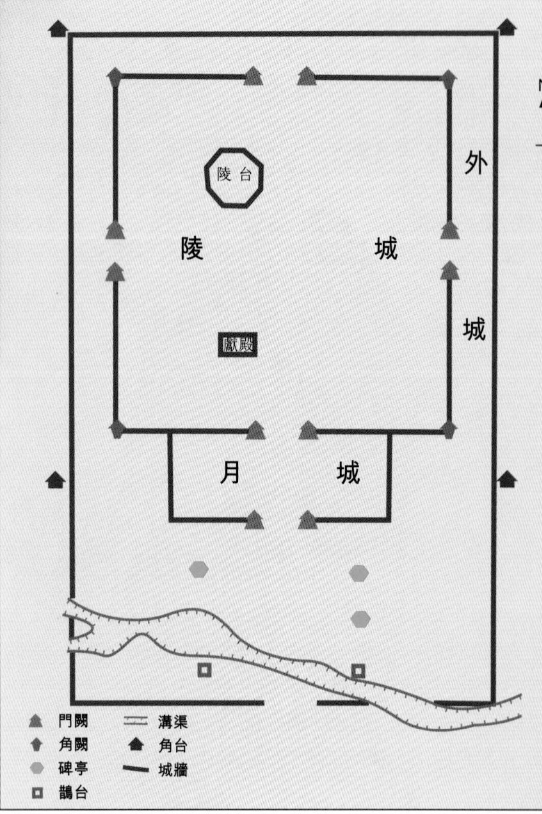

西夏陵平面圖

西夏陵的獻殿、墓道、墓室和塔式建築形成一條直線，與陵園的中軸線不重合。這種佈局與黨項人認為中間乃神明所居，應當避諱的原始宗教觀念有關。

築，北宋寢殿為一組獨立建築，位於陵園西北。西夏陵取消了陵上建寢的制度，只建獻殿，沒有寢殿，等於取消了供奉陵寢的禮儀，這是陵寢制度的重要變化。在陵園西北，西夏帝陵均建有一座八角形的塔式建築，既不在陵園的中軸線上，也不在墓室的正上方。

竹刻人物橫楣

帝陵出土。圖案以房屋作背景，屋外站兩人。窗子作斜方格紋和螺旋捲雲紋，窗邊還有氣孔。橫楣浮雕與線刻兼施，人物表情細膩，具有濃厚的生活氣息。

成吉思汗六攻西夏，城破之日，蒙古曾大舉屠城。賀蘭山下是當日交鋒的重要戰場，宏大的西夏王陵瓦礫遍地，顯然曾遭到大肆破壞，估計是蒙古軍為了復仇而為。

靠陵內僅餘的文物，可約略見到西夏的一些特色。西夏陵出土許多武器殘片，隨葬武器是黨項族崇尚武力、民俗勇悍的具體反映。銅牛、石馬是西夏隨葬制度的重要內容，應與畜牧經濟有關。

琉璃鴟尾

帝陵出土。通體施綠釉，釉色光亮。西夏專門設置磚瓦院，管理磚瓦生產。西夏的磚瓦窰場一般都修建在重要建築物附近，產品專門供宮殿、陵園、官署和豪宅使用。

石雕人頭像

立國之本

④ 多民族國家觀念的認同

形成以漢族為主體的多民族共同體，是中國歷史發展的總趨勢。遼夏金元時期是這一漫長過程中非常重要的一個階段。這個時期，少數民族是統治者，但面對先進的漢文化，都無法迴避吸收漢文化與保留自己民族文化的艱難抉擇。以往的歷史觀，以這一時期中原漢族受侵略為焦點，對此時的民族融合不像對開放的唐朝那麼推崇，但這個時期所促成的民族融合成績其實十分可觀。

多民族融合的高潮來臨

這個時期北方民族軍事上強於漢族，在文化上也採取措施，努力發展文教事業，結果出現了北方民族歷史上前所未有的文化高潮。其目的是與兩宋爭正統，在心理上取得對漢族的統治優勢。遼的文化相當高，對被宋人稱為“夷”十分反感，認為“吾修文物，彬彬不異於中華”，提出自己是“中國”的觀念。正是這種文化上的爭雄，消融了民族間的隔閡，促進了多民族國家共同體的認同。

北方民族的漢化進程

北方民族的漢化進程不一，漢化最徹底的是女真族。女真人早期民風淳樸，“最為純直”，君臣、官民之間“樂則同享，財則同用”。自海陵王之後，逐漸浸染漢風。當時遷到中原地區的女真人很多，對內遷的女真人與漢人，已經有“彼耕此種，皆是國人”的認識，從墓葬材料已很難區分墓主的族屬。西夏漢化的進程有明顯的反復，來自皇權的漢化措施，經常遭以后族為代表的西夏貴族反對。採用漢儀有助於君權的發展，維護蕃理有利於保持領主的固有權勢，這種鬥爭貫穿於西夏整部歷史，有時至為殘酷，實際上是君權與貴族特權之間的決鬥。相對而言，契丹處理漢化問題比較成功，他們以漢制待漢人，以契丹固有的制度待契丹人，實行一國兩制，緩和了民族矛盾，促進了民族融合。

山奕候約圖 [illegible]

遼人積極吸 [illegible] 提到多位契丹畫家。《山 [illegible]。出土時懸掛於棺牀木 [illegible] 青綠結合淺絳，松 [illegible] 栱”，飛簷用仰視 [illegible] 於甬道和墓 [illegible] 人物栩栩如生

盤龍紋銅鏡

鏡背浮雕一通體鎏金的盤龍。龍紋是遼朝石刻、壁畫、生活用品以及絲織物上常見的紋飾。遼的龍紋與唐的基本相同，頭長口深，梳狀上唇，鹿形角，鷹形爪，蛇形尾常纏於一後腿上，通體有鱗紋。這面銅鏡是遼文化承襲唐文化的物證。

鎏金鏨花孝子故事銀罐

通體鏨花銀罐主題紋飾為八幅孝子故事，出土於契丹貴族耶律羽之墓，證明在遼朝早期，契丹貴族就已經接受儒家的孝悌觀念。以孝子故事為題材的隨葬品在金朝各地墓葬都有出現。

蒙古的漢化波折

蒙古的漢化進程比遼、西夏、金都遲緩得多，此中原因雖多，但蒙古統治者不願重蹈金人全面漢化的覆轍，是一個重要原因。蒙古統治者曾將遊牧民族的制度強加於中原地區，導致政治混亂、生產倒退。忽必烈即汗位後，以中原地區作為統治的重心，倚重漢族官員，吸收中原王朝的統治經驗，提倡“文治”，推行“漢法”，重視社會生產。但是，所倚重的漢族官員王文統的女婿李璮企圖聯絡南宋起事，深受信任的王文統因見疑遇害。平亂之後，忽必烈收漢族軍將兵權，在地方上實行軍民分治，重用色目人，限制漢族官員的權利，這些措施對元朝政治產生了重大影響。元朝的統治政策中保留了許多蒙古舊俗，漢法與舊俗之間的矛盾貫穿有元一代，政治、經濟上表現出明顯的不成熟性。

梅瓶另一面的韓信

元朝青花蕭何月下追
梅瓶

蕭何月下追韓
倡的忠義
流傳。
案，反
些價

漢化的遼朝貴族耶律羽之

石門上的彩繪武士

石門上的武士，為墓主人守護墓室。

契丹族原來採用"樹葬"，是一種"死不墓"的傳統習俗。但從建國早期開始，契丹人就由上而下逐步漢化，耶律羽之墓正是遼朝貴族漢化的具體反映。

耶律羽之(公元890~941年)是遼太祖耶律阿保機的堂兄弟，他對遼朝的創建和東丹國(遼在渤海國故地建立的國家)的建設都作出了很大貢獻。

耶律羽之墓墓室結構平面圖

N

墓室甬道

墓誌

棺牀

前室

後室

側室

墓牆

耶律羽之墓石門

[illegible]墓室之間

耶律羽之的家族墓地位於內蒙古赤峯市阿魯科爾沁旗罕蘇木蘇木朝克圖山。墓地規劃、墓室格局以至隨葬物品都充分體現漢化的色彩。塋區經過嚴格規劃，早晚排列有序。耶律羽之墓墓室規模宏大，並且沿襲唐朝以來的中原制度，由主室(前、後室)和側室組成，在前室中部置有墓誌。

墓內主要隨葬墓主的隨身物品、生活用的鐵器、馬具、瓷器以至炊器。這些隨葬品表現了遼早期政治經濟、文化藝術等方面所取得的輝煌成就；更重要的是反映出契丹文化除傳統因素外，也繼承了漢文化，發展出一種胡漢結合的複合式文化。

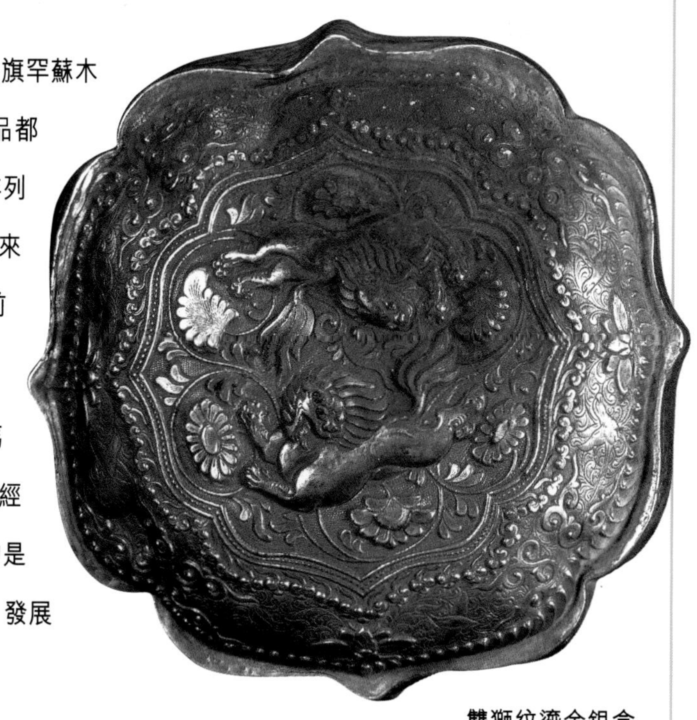

雙獅紋鎏金銀盒

御賜"萬歲臺"石硯

這件石硯應是遼太宗耶律德光所賜。耶律羽之在征戰之餘，愛好讀書和方術，具有深厚的漢文化根基。這件石硯説明了漢族文化被草原民族吸收的事實。

文明的碰撞與融合

① 民族文字的興起

文字是衡量民族文化發展水平的標誌，北方民族在與兩宋軍事對抗時，就意識到文化競爭的重要。文字的使用，使得北方民族的文化程度向前邁進了一大步。契丹、黨項、女真、蒙古原來都沒有文字，這四個民族建立的政權在北方民族發展史上躍進到一個新的階段，與文字的創立有相當關係。北方民族創立文字，是其文化進步的表現。

契丹文字

契丹建國之初，就着手創造自己的文字。神冊五年（公元920年）創製契丹大字，後來又創製契丹小字。小字有"數少而該貫"的特點，它是根據漢字字形增損而成的表音文字，大體上保留了漢字方塊字的字形。契丹文字對後來女真文字、黨項文字的創立起到重要借鑑作用。但金滅遼後，明令廢止契丹文字，契丹文字漸絕於世。

耶律祺墓誌

共刻有三千多個契丹大字，是目前發現契丹大字最多的一方墓誌。

西夏文字

西夏的立國者元昊精通漢語，但對西夏文字的創立非常重視，命令重臣野利仁榮主持其事，在建立西夏國之前兩年就頒佈了西夏文。後來還將創製的六千餘字編輯成書，稱為《國書》。西夏文字是仿照漢字而創立的詞符文字，保留了方塊字的字形，乍看好像可以辨識，細看則無一字與漢字相同。其筆畫比漢字繁複，斜筆較多而無豎鈎。西夏文字創立後，元昊在國中建立"蕃學"，命野利仁榮主持教授西夏文，培養官吏"通蕃漢字"。西夏滅亡後，西夏文仍然使用，大約到明朝中期才退出歷史舞台。

西夏文雕版印經

卷首雕印六臂觀音菩薩，第二頁雕印四位供養菩薩，第三至第十頁為西夏文佛經。保留至今的西夏文資料有官方文書和歷史、文學、法律、醫學等方面的著作；譯自漢文的典籍、佛經和各類銘刻上也保留了相當數量的西夏文字。

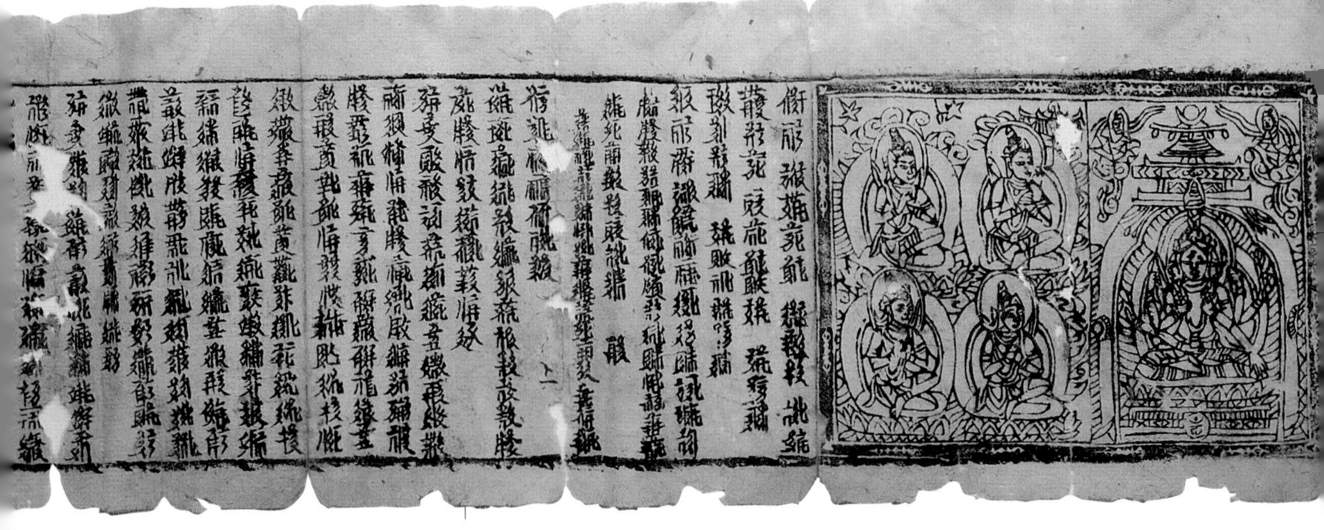

女真文字

女真文字在立國不久就創立了，它是仿照契丹文和漢文加以改進後的音節拼音文字，也有大字、小字之分，字體有些像簡化漢字。女真文字沿用到明朝初期漸絕，明朝晚期，女真族的後人——滿洲人又創製了滿文。

蒙古文字

成吉思汗曾説："讀書的糊塗人，終究要超過牛來的聰明人。"他任用畏兀兒人塔塔統阿，以畏兀字母書寫蒙古語，教授太子諸王，創製了畏兀兒體蒙古文。忽必烈即位後，命八思巴創製蒙古新字，並定為法定文字，蒙古畏兀字則在民間通用，後習慣稱蒙古新字為八思巴文。八思巴文屬於脱胎於藏文的拼音文字，在字體上參照了蒙古畏兀字和漢字的書寫及構字方式，有四十一個字母。元朝亡後，八思巴蒙古字漸不通行，而畏兀兒體蒙古字則不斷演化，沿用至今。

百眼窰石窟畏兀兒體蒙古文題記

在內蒙古鄂爾多斯市準格爾旗百眼窰石窟中，發現一百多條13世紀畏兀兒體蒙古文題記，寫於石窟壁畫的空欄處，內容為佛頌、菩薩頌等，文字古樸。

五體文夜巡銅牌背面

五體文包括八思巴文、畏兀兒體蒙古文、察合台文、藏文及漢文，這是迄今發現的元朝各種牌符中，文字種類最多的一件。

八思巴文銅印

印面為陰刻篆體的八思巴文"忠翊侍衛親軍弩軍百戶之印"。印背面有印文的漢字譯寫。八思巴篆書字母的筆畫全部為直線，從而使字體結構和整體形式更加方整，具有藝術字的神韻。

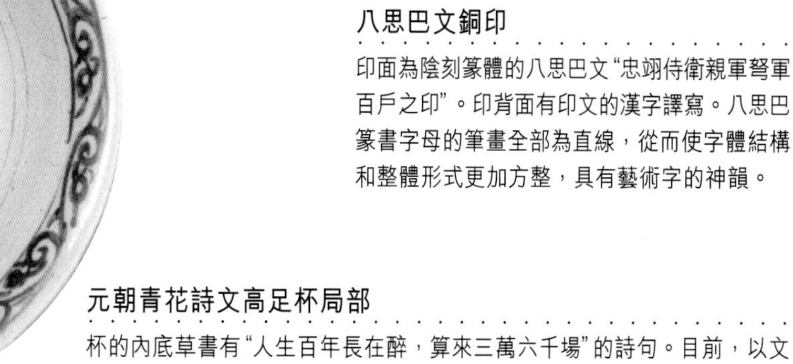

元朝青花詩文高足杯局部

杯的內底草書有"人生百年長在醉，算來三萬六千場"的詩句。目前，以文字為裝飾題材的元青花瓷器皿尚少發現。

文明的碰撞與融合

② 融入世界的蒙古汗國

蒙古人通過南下西征，走出了世代生息的草原，建立了四大汗國，足迹遍佈歐亞。蒙元帝國的藩屬國，既與蒙元帝國密切聯繫，又深刻影響了當地歷史的發展，尤其是伊兒汗國和欽察汗國，四通八達的驛站網絡將其統治下的廣大地域劃入蒙古帝國的交通網範圍之內，溝通了東西方文化。汗國的蒙古人逐漸與當地居民及文化融合。

蒙漢民族相忘相化

元朝出現了空前規模的民族大遷徙，原來在大漠南北生活的蒙古人，因為從政、戍邊、屯田等原因大量湧入內地，與當地居民雜居。元朝滅亡之後，內地的蒙古人逐漸融合到漢族之中，到了"相忘相化"，分不清彼此的程度。

伊斯蘭化的伊兒汗國

四大汗國在血統上是出自成吉思汗黃金家族的宗親國家。其中察合台汗國和窩闊台汗國的部分轄境在今日中國疆界之內。伊兒汗國是蒙古人在13世紀中葉到14世紀中葉以今伊朗為中心建立的王國，建立者是蒙古軍第三次西征的主帥旭烈兀。伊兒汗國始終與蒙元帝國保持密切的聯繫，大汗接受元朝皇帝的冊封，統治方法也有許多借鑑自元朝。伊兒汗國建立後，蒙古人信仰的薩滿教、喇嘛教等也大量傳入波斯，建造了許多寺廟，甚至於曾受波斯人支持而傳入中國的景教，在相當程度上也反傳到今伊朗地區。但最有建樹的合贊汗在其統治時期(1295~1304)，為了爭取當地領主和廣大穆斯林的支持，奉什葉派伊斯蘭教為國教，廢除了大汗的稱號而改稱"蘇丹"，加速了當地蒙古人的伊斯蘭化進程。

遙離本土的欽察汗國

欽察汗國是蒙古西征的將領、成吉思汗的孫子拔都建立的，都城薩萊(今俄羅斯阿斯特拉罕北)遠在伏爾加河下游，距離蒙古帝國的早期都城哈喇和林數萬里，快馬加鞭也要二百多天的路程。在欽察汗國金帳汗(因為拔都所用的氈帳使用金頂，所以俄羅斯人稱欽察汗國為金帳汗國)領導下的四萬蒙古人統治了東起額爾濟斯河，西到今匈牙利、波蘭邊境的廣袤領土。薩萊等城市成為大量輸入中國文化的樞紐，也是東西方商業貿易的中心。14世紀歐洲的商人和使節與大都之間

蒙元疆域及四大汗國分佈圖

蒙古人通過不斷的軍事擴張，建立了四大汗國，足迹遍佈歐亞。四大汗國的建立，是蒙古不斷融入世界的表現，深刻地影響了當地的歷史發展。

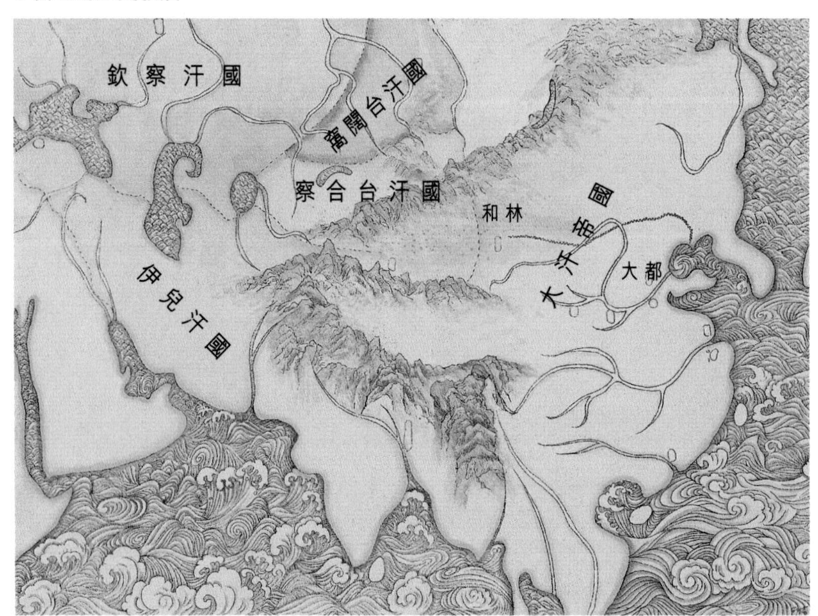

的交通，主要通過欽察汗國。在東歐這條文明的傳播帶上，欽察汗國處於中國和西方之間，是不可缺少的重要環節。欽察汗國允許居民自由信仰伊斯蘭教和基督教，13世紀中葉統治汗國的伯勒克金帳汗成為第一個伊斯蘭教徒，許多蒙古人也伊斯蘭化。由於蒙古人在欽察汗國人口中只佔少數，逐漸被周圍使用突厥語的民族同化，14世紀前期，欽察汗國的蒙古人已經使用突厥語。

金剛杵組成的十字形圖案

金剛杵原是古代印度的一種兵器，後來被佛教吸收成為最常見的法器之一，並隨着藏傳佛教的興起而在今西藏流行。內地出現金剛杵形象是蒙古王室推崇喇嘛教的產物。

童子騎異獸圖

大象在印度受到特別的尊崇，獅子形象則來源於西亞，童子服飾也非中原特色。內地出現這種受外來藝術風格影響的石刻，説明當時各地區的交流頻繁。

鋬耳金杯

這是蒙古汗國的宮廷用品。

第四單元·由單一到多元的經濟

蓬勃的經濟——畜牧業

①國家體制下的畜牧業

飲飼圖

一個穿官服的人正在飼馬，生動描繪出官營牧場中飼者精心照料馬匹的情景。

遼夏金元時代北方草原地區多林木，宜畜牧，生態環境與今天不同。遼闊的草原是畜牧業的天然牧場。北方民族農業生產發展較遲，畜牧業是主要的生產部門，在北方民族生活中有重要的地位，因此，北方民族的統治者都特別關注畜牧業。元大都的宮廷中，栽種着從草原深處移植來的牧草，以示不忘遊牧故俗。

統一管理的國營畜牧業

遼夏金元各朝都設有專門管理畜牧業的機構。遼朝在中央設總典羣牧使司，在地方則有諸路羣牧使司，統一管理國有牧場。西夏和金朝借鑒遼朝的羣牧制度，通過設置羣牧司管理國家畜牧業。但是金朝由於連年戰爭，羣牧制度受到很大影響，後來主要採用民間養殖、官方徵調的方式發展畜牧業。元朝在全國設立了十四處官營牧場，牧場設千戶、百戶管理，父死子繼。朝廷每年派專人巡視各地牧場，造蒙古、回回、漢字文冊，上報中央，考校優劣。

畜牧場的改進

原始的逐水草而居的遊牧方式，無畜欄，不儲藏乾草，在冬天牲畜只能用蹄掘雪求食，難以抵禦嚴重的自然災害。蒙古統治者在草原上普遍鑿井，據之逐漸形成固定的牧場，而且每當牧區發生自然災害的時候，都能夠從農業區域調集糧食賑災，大大加強了遊牧經濟的穩定性。“在沒水處鑿井”是窩闊台自詡的四項成就之一。

發達的獸醫學

北方民族對獸醫學十分重視。契丹設有“醫獸局”。西夏人編的字典《文海》中，對牲畜病患有多種解釋，從分類之細可以看出西夏獸醫的成就。元朝《農桑輯要》記載馬的病狀達二十九種，治療的藥方有三十二種。元朝已經能用食鹽飼養牲畜，鹽可增強牲畜筋肉、精力，以至治療疾病。

牧馬業的特殊地位

北方民族“其富以馬，其強以兵。縱馬於野，馳兵於民”。契丹人的馬羣動輒以千數，自由地在廣闊的草原逐水草而生長，這樣的馬“終日馳驟而力不乏”。元朝國有牧場中養馬不可勝計，在馬的左股上都烙有官印。蒙古牧民已經掌握了騸馬技術，既保證了畜種的優良和牲畜的強壯，又便於役使管理。蒙古百姓有養馬的義務，但沒有隨意宰殺馬匹的權利。除了馬，羊、牛、駱駝等牲畜在北

元官營牧場分佈圖

元朝設立了十四處官營牧場，官營畜牧業因而得到長足發展。從圖中可看出有些並不適宜放牧的地區也設置了官營牧場，主要是出於軍事需要。

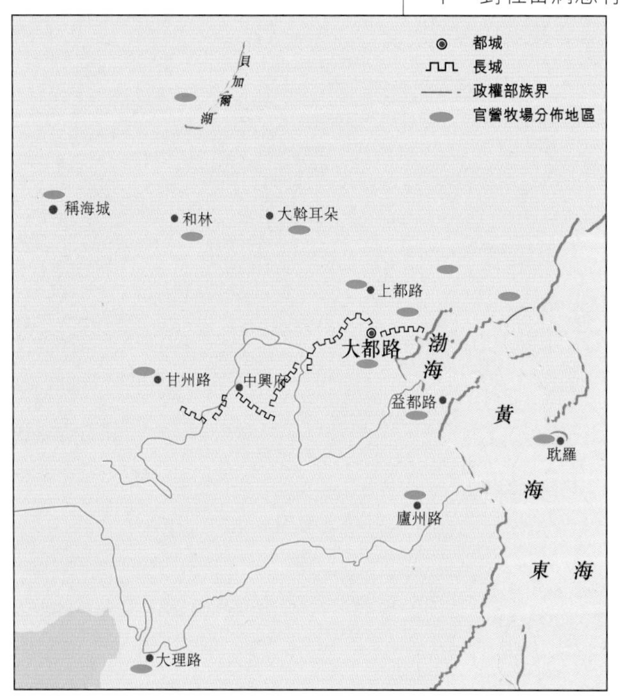

方民族畜牧業中也很重要。牦牛是西夏的特產，牦牛角是製造戰弓的上佳原料。牦牛的尾巴很長，在西夏，貧苦人家住的是土房，為了抵禦嚴寒，就用牦牛尾編織後覆蓋在屋頂。

馭馬圖

圖中的馬昂首揚尾，四蹄騰飛，馭馬人右手執鞭，左手勒馬韁，顯現出熟練馭馬的場景。"黨項馬"十分著名，唐元積《估客樂》詩中有"北買黨項馬，西擒吐蕃鸚"的詩句。在明朝，馬還是寧夏的土貢之一。

駱駝俑

馬俑

蓬勃的經濟——農業

① 從不知稼穡到賴以為國

北方民族原來不知稼穡，蒙古人進入中原之初，還曾經將大片農田變為草場。北方民族的農業經營是在佔領了傳統的農耕區域，利用漢人的農作技術發展起來的。但是，知道了農業生產的重要性之後，各個民族的統治者都對農業極為關注，農業經濟一直是政府財政收入的主要來源，農業的發展也帶動了其他生產部門的發展。

興修水利

北方地區的年降雨量分佈不均勻，旱澇等自然災害時有發生，水利對於發展農業有舉足輕重的作用。靈州（治今寧夏靈武西南）由於三面靠黃河，又屬於降雨量稀少的高寒地區，西夏之前，這裏已經形成了比較完備的灌溉系統，黨項統治者同樣重視興修水利，修建了"南北長三百里"的昊王渠。在法典《天盛改舊新定律令》中，規定了灌溉用水的使用和水利設施的維護辦法。金朝除了修建或修復水利設施，還鑿井灌溉，為農業的發展提供了前提條件。元朝在中央設置了都水監和河渠提舉司等機構，指導全國的水利興修。僅元朝興修的大型水利工程就有二百六十多處，著名的科學家郭守敬等人都曾參與興修水利。

屯田的作用

遼朝北方地區開墾的農田面積和糧食產量都是空前的。遼朝也曾採用屯田的方法，不但增加了糧食產量，而且解決了軍隊的口糧。農業發展而帶來的軍隊後勤供應方式的改變，已經與遼朝初期用"打穀草"，也就是用掠奪解決軍需的方式發生了根本性的變化。由於戰爭的破壞，北方和原來金與南宋相鄰的地區，農田大面積拋荒。元朝政權穩定之後，在這些地區組織了大規模的軍屯和民屯，恢復了這些地區的社會生產力。

踏碓圖

踏碓可減輕勞動強度，提高舂米效率。石碓由支撐石座和木柱組成，安有活動的軸木，踏動桿板時，軸木會隨橫板轉動。

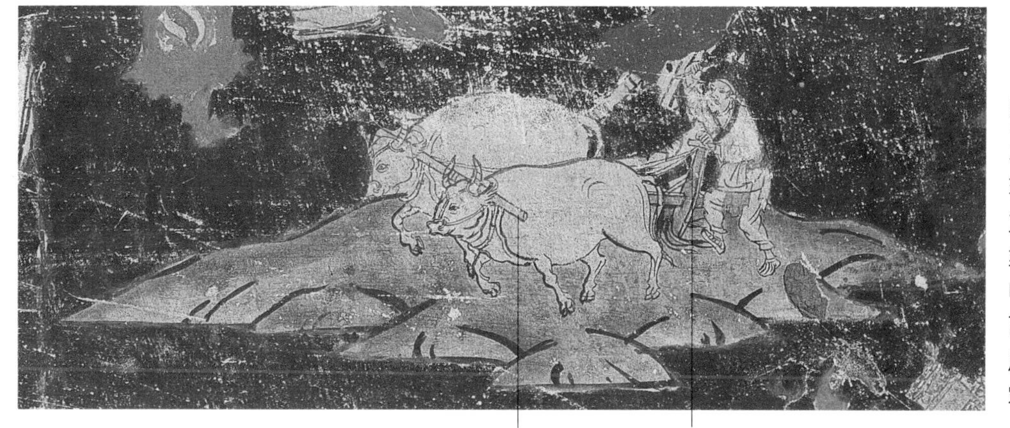

犁耕圖

二牛抬槓在漢朝已經出現，西夏仍然用二牛抬槓方式耕作，說明西夏的農業生產根植於中原；也說明由於宋夏對立，東南地區先進的耕犁沒有傳來，所以深耕技術遠遠落後於宋朝。

適應北方環境的農作方式

遼朝的農業生產已經深入到上京地區，成為遼朝建立"農業城國"的重要基礎，但農業生產不可能不受到地理和自然環境的制約，因此，契丹民族根據自身的傳統生產方式，創造了多種生產形式。例如古北口(今北京密雲東北)之外的地區多風沙，採用壟上做壟田的種植方法，以防止被風沙所覆蓋。金朝北方地區試行"區田法"，將粟集中種植在小區內，提高抗旱保水的能力。水稻是高產作物，產量多於旱地種植數倍，金朝水利事業的發展，為水稻種植提供了有利條件，使得金朝土地開發和單位面積產量都大為提高，以致有的地方達到"人稠地窄，寸土悉墾"的局面。

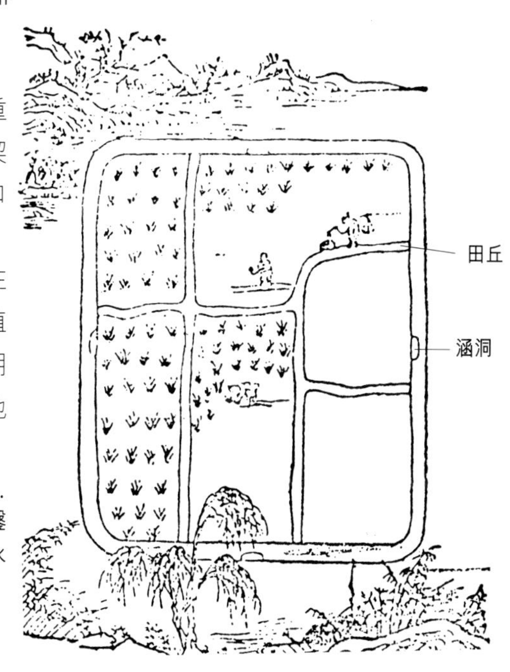

櫃田圖

櫃田就是築堤護田，像小型圍田，四岸開鑿有涵洞，裏面順地形修築田丘，這是解救水荒的上好方法。

內蒙古的沙漠

今內蒙古部分原來水草豐茂的地區，由於農田過度開墾，植被遭到破壞。元朝覆滅以後，北方農業區域耕植往往隨之中斷，棄耕之後的地區，在乾燥季風的作用下，地表以下的粉沙不斷地被風揚起，覆蓋在地表上，形成了沙丘。

蓬勃的經濟——農業

② 中原農業的發展

元朝是第一個一統華夏的外族王朝，本來沒有農業經驗，後來統治者意識到農業的重要性，通過興修水利、修訂農書等措施，恢復和發展原來中原地區的農業生產。農業是元朝最重要的產業，全國80%以上是農業人口，而且農具、農耕技術、農產品等都有進步。

“風土限制”說的突破

農業生產必須重視“風土”，但作物也有它一定的適應性，只要方法得當，就能夠解決一部分作物的引種問題。元朝以前，中國棉花的種植僅限於今新疆和嶺南等地區。元朝突破“風土限制”，棉花種植由南、西兩路向內地推進，新疆地區的非洲棉種植發展到了陝西；嶺南的棉花在長江流域普及。元朝棉花的推廣和普及，對中國的紡織業產生了深遠影響，棉紡織逐漸成為中國封建社會後期最重要的紡織業。

精細的農業耕作技術

元人已充分認識到緯度的高低、光照、氣溫、土質、海拔高度對植物生長的影響，農業經驗更為豐富，耕作技術向精細化方向發展。如根據雜草的生長習性，在不同季節採用不同的措施根除雜草；通過打去棉花頂芽，破除頂端優勢，促使側芽發芽，從而達到多開花結果的目的等。南方出現了有利於稻麥二熟的耕種方法；中耕技術出現了集除草、間苗、培土為一體的“耘苗四法”。南方一切能利用的土地都被利用起來進行農副業生產，土地面積的統計精確到毫厘。

麥籠(左)和麥綽(右)

麥籠和麥綽是配合使用的收麥工具。麥綽是抄收麥子的工具，如簸箕形狀。麥籠是用來盛釤麥的器具，剖竹篾編成，安木製底座，座下帶四個小輪，可滾動前進。

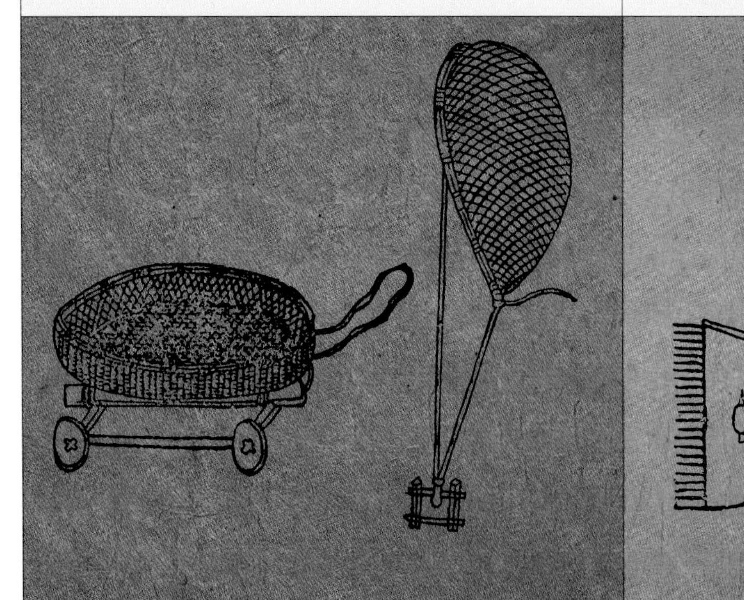

耘爪(上)、耘蕩(下)

這是《農書》上的兩種新式耘田工具。耘爪用竹管或鐵管製成，使用時套在手上，既保護了手指，又提高了功效。耘蕩底部有短鐵釘二十多枚，上部有榫眼連接竹柄，農民執着長柄，在田間推耙草泥，效率高於手耘幾倍。新式耘田工具的發明，是元朝耕作技術向精細化方向發展的表現。

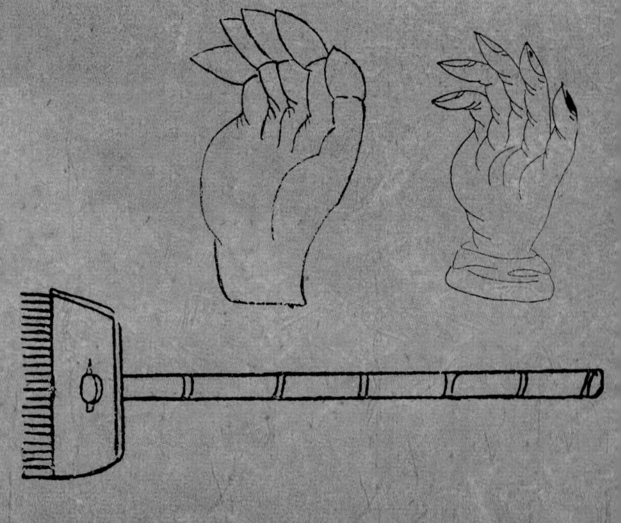

蔬菜、果木栽植技術的發展

元人將果樹的主根截去，使其根系四散，從而吸收更多的養分；然後用整枝的方法，集中養分使果實豐碩。桑樹的嫁接，總結出"插接"、"劈接"、"壓接"和"搭接"四種方法，取得雜交優勢。唐朝利用天然菌孢子自我擴張進行食用菌養植，元朝則給菌種提供適當的溫濕度和營養，培育出了人工接種食用菌，這是食用菌栽培技術的新突破。

農業成就的總結：元朝農書

《農桑衣食撮要》、《農桑輯要》、《農書》是元朝出現的體現農本思想的農學著作。《農桑衣食撮要》作者是畏兀兒人，全書以農桑為主，包括林、牧、副、漁等各項副業；還介紹了西北插葡萄、曬乾酪、收羊種等許多農牧經驗。行文通俗易懂，被譽為"最好的農家月令書之一"。《農桑輯要》是元朝管理農桑水利的機構大司農司主持編寫的，是現存最早的官修農書。此書第一次將農桑並提，突破"風土限制"，是農業科技史上了不起的貢獻。《農書》分農業通論、植物栽培個論、農器圖譜，是中國第一本兼論南北農業技術的農書。

耕種的農夫

圖中的農民穿短衣，或戴斗笠或椎髻，形象接近漢族。他們手中的農具也是當時常見的勞動器具。

水轉翻車圖

元朝普遍使用的灌溉工具主要是漢唐已發明的翻車和筒車，樣式不斷翻新，以適應廣大地域不同條件下灌溉需求。除了原有的人力翻車外，還出現了水轉翻車、牛轉翻車和風車。

臥輪式水轉翻車

牛轉翻車

這是《農書》中的插圖。牛轉翻車是一種使用畜力推動的灌溉工具。

蓬勃的經濟——商業

① 超越國界的商業貿易

北方民族所處的環境地力有限，畜牧產品也相對單一，需要通過交換，才能使生活生產資源得到滿足，因此，發展商業勢在必行。與中原王朝重農抑商的傳統做法不同，北方民族的統治者既重農也重商，通過鼓勵通商、減輕商稅、保護商道安全、維護商人利益等措施，積極發展國內外貿易。尤其是元朝，隨着國際交往的頻繁，商業極其繁榮，商稅在國民經濟中佔有相當大的比重。

從自然經濟到貨幣經濟

北方民族在建國前和建國初，以物物交換為主。隨着商品經濟的發展，出現了貨幣交換，但是由於北國乏銅，遼、夏、金政府都得花費很大精力去開拓銅源，有的甚至還鑄造鐵錢，即使如此，仍然解決不了貨幣短缺的問題，不得不大量套購、吸引宋錢和使用前朝貨幣作為通貨，致使宋朝出現"錢荒"。為解決流通問題，他們也曾經發行紙幣，到元朝時貨幣就以紙幣為主了。元朝共發行了五種紙幣，取代了宋朝的交子、會子和其他割據政權發行的貨幣，流通全國。

"天祿通寶"銅幣

鑄造於遼世宗天祿年間（公元947~951年）。遼朝鑄錢有限，為了緩解通貨不足，政府一方面嚴禁銅錢外流，另方面通過貿易吸引銅錢入境，出現了宋錢滾滾北流的情況。

至元通行寶鈔銅鈔版

至元通行寶鈔頒行於元世祖至元二十四年(1287)。元朝鈔版中統初係用木版，至元十三年改用銅版。"伍百文"鈔版發現很少，此版正背兩面分別可以印刷兩種不同面值的鈔票，説明當時貨幣鑄造技術已相當進步。

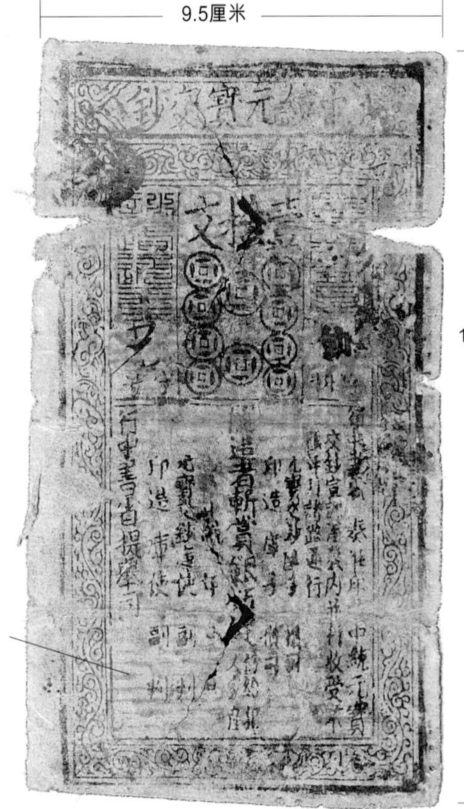

元朝最早發行的紙幣

忽必烈中統元年(1260)頒行的中統元寶交鈔。面額從十文至兩貫文不等。

對外貿易的主要商品

牲畜和畜產品是遊牧民族進行物質交易的重要物品。契丹曾經一次用三萬五千隻羊、三百匹馬向南唐換取猛火油之類的軍用物資。宋朝每年從遼進口大量的牛羊食用。衣毛皮是遊牧民族的習慣，契丹、黨項生產的優質皮裘，深受中原商人歡迎。據馬可．波羅記載，西夏都城興慶府(今寧夏銀川)製造的毛氈、白氈是世界上最好最美的。

元朝商業的主角 —— 色目人

元朝商業繁榮，以大都、杭州、泉州、廣州等城市為代表的經濟貿易中心，彙集了國內外的八方來客。蒙古人本身不善經商理財，色目商人在元朝商品經濟領域中極為活躍，其中以回族商人為最。回族善於理財，蒙古兵鋒指向西域時，西域少數民族最先內附，尤以回族居多，蒙古統治者因而善待回回人，元朝回族人中多高官，多巨商，他們專擅天下水陸之利，俗稱"富貴回回"。

元朝亦集乃城清真寺

回回商人是元朝商業領域中最活躍的力量，許多地方留下了他們活動的遺存。位於今內蒙古阿拉善盟額濟納旗東的清真寺遺址，是元朝聚居在這裏的回回商賈的禮拜寺，也是內蒙古草原上最早的清真寺。

歷史小證據

元朝以前的紙幣

當馬可．波羅在他的遊記中，第一次將元朝的紙幣介紹到西方時，舉世震驚，元朝紙幣遂為世人所知。其實紙幣早在元朝之前就已有發行。據記載，遼已使用紙幣，宋也有類似匯票的交子等。考古發現的這個金朝印鈔票的銅版，即是這一段短暫的紙幣發行歷史的珍貴實物證據。

金貞祐寶券銅鈔版

貞祐年間(1213~1217)已是金朝晚期，當時交鈔大幅度貶值，出現惡性通貨膨脹，所以交鈔發行時間很短，社會上便不再流通，改為用白銀交易。

蓬勃的經濟——商業

② 戰國對峙下的商貿形式

兩宋與遼夏金之間雖然處於戰國紛爭的狀態，但和平交往依然是歷史的主旋律，尤其是各方之間的經濟交流，不以統治者的意志為轉移。這些經濟交流以榷場貿易為主要的合法形式，貢使貿易作為補充。但畢竟是處於戰國對峙的局面之下，各方之間的貿易內容受到官方的限制，無法滿足廣大人民的多方面需求，民間走私應運而生。

敵國之間的貿易形式——榷場貿易

榷場貿易是在邊界地區固定的地點，在官方的監督下進行的，其中既有官方之間的貿易，也有官方與私人之間、私人與私人之間的貿易。遼夏金都與周邊民族進行了廣泛的榷場貿易，榷場貿易的規模很大，北宋曾一次將"香藥二十萬貫"投放到河北榷場同契丹交易。周邊民族與漢民族進行的榷場貿易，有力地促進了雙方的經濟文化交流。

糧食是禁止大量出口的物資，但在災荒年分，契丹需要糧食的時候，宋邊州官員趙滋曾大膽地提出：契丹的人民也是人民，呼籲不要阻攔糧食出口！

禁運和民間走私

榷場貿易是在官方嚴格控制之下進行的，雙方都規定許多物資不能流出國境。為了保持騎兵的優勢，遼朝嚴禁向北宋輸出馬匹；輸出的羊，也曾限於公羊。宋朝除九經之外，嚴禁對遼出口書籍，至於火藥等軍用物資，更是所在必禁。遼也禁止對西夏出口鐵、銅、金等重要物資。但是，這種人為的限制使雙方的需求無法得到滿足，於是出現走私貿易，不僅陸上有走私，甚至衝破宋遼、宋金之間的海禁，大量走私。宋徽宗被俘到燕京，曾用一件衣服換到涉及國家政策的王安石的《奏對日錄》，這種民間走私所形成的經濟力量，是不可低估的。

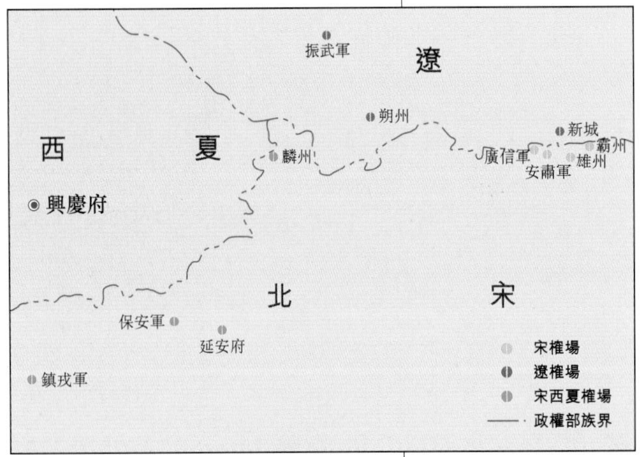

宋遼夏榷場分佈圖

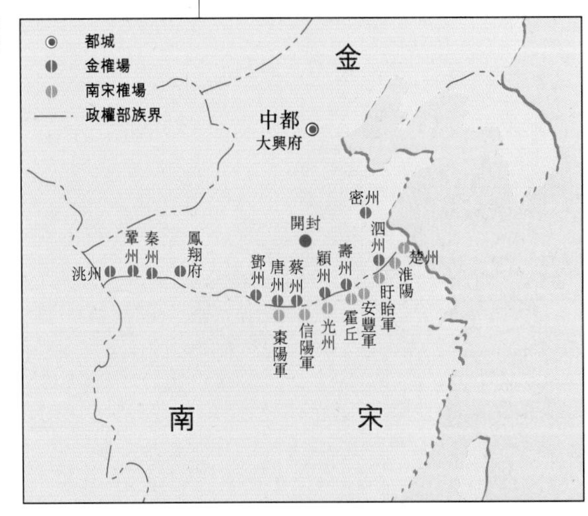

宋金榷場分佈圖

政治性的貢使貿易

遼夏金元時期的少數民族之間、少數民族與漢族政權之間都有貢使貿易，有時甚至是主要的貿易方式。貢使以官方上供的形式而來，同時攜帶大量物品進行交易，而宗主國為了擴大自己的影響，或者為了換來和平的環境，給予貢使貿易以優惠政策。因此貢使國在這種貿易中往往獲得高額利潤，而對宗主國來説，主要維護的是政治上的利益。貢使貿易滿足的是統治階層的要求，與人民的生活關係不大。

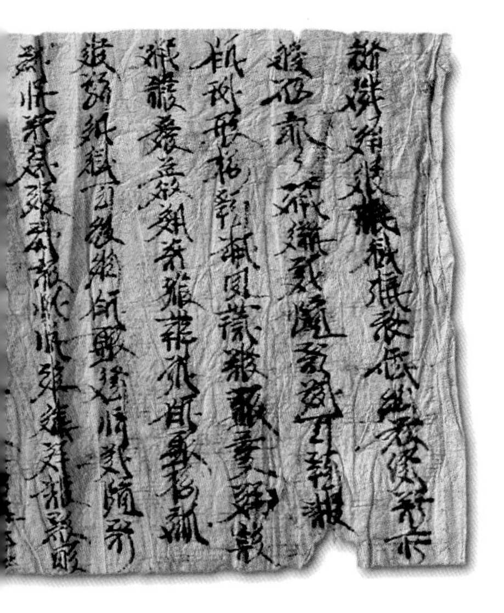

天義己年買牛契約

這是西夏時期民間買賣交換的重要憑證。買牛契約寫在加絲麻紙張上，墨書有九行西夏文，記載了雙方買賣情況，首行意為“天義己年九月”。這張契約發現於西夏時期的寺廟中，説明當時僧侶直接參與經濟活動。

南宋盱眙榷場的管理制度

交易時間	五天一次（紹興二十九年前是每天一次）。
管理者	實際支配榷場的是知州，榷場設主管官員兩名。
管理措施	商人先要領取許可證，經主管官員檢查貨物，按照市場價格估價，收取各種費用，每貫共四十四文。
稅率	每交易千錢，宋金雙方各收5%作為息錢。

榷場形制示意圖

蓬勃的經濟——商業

③ 穩定的財源 —— 稅收

商業貿易的發展，給國家帶來各種各樣的稅收，其中鹽、茶、酒等與百姓生活密切相關的商品給國家帶來巨額財富，被列為嚴格控制的商品，成為政府穩定的經濟來源。元朝商業貿易發達，海外貿易繁榮，市舶稅成為國家收入的又一重要來源。

鹽稅

鹽是生活必需品，鹽稅在國民經濟中佔很大比例，其中元朝的鹽課就佔國家稅收一半以上，因此歷朝都嚴格控制鹽的產銷。鹽池、鹽井、鹽田都屬於國家，鹽戶受到嚴格的管理，有特殊戶籍，不得隨便遷移或改籍。政府又通過"官運官銷"和"商運商銷"控制鹽的銷售。前者是按照居民的人口數，強行分攤鹽額，按額徵收鹽價。後者是商人向鹽司納錢，換取鹽引，憑鹽引到鹽場支鹽，運到指定地方銷售，官方在運銷途中設卡查驗，販鹽過界要受到處罰，因此"商運商銷"並沒有改變國家專賣的性質。

元朝鹽業管理系統

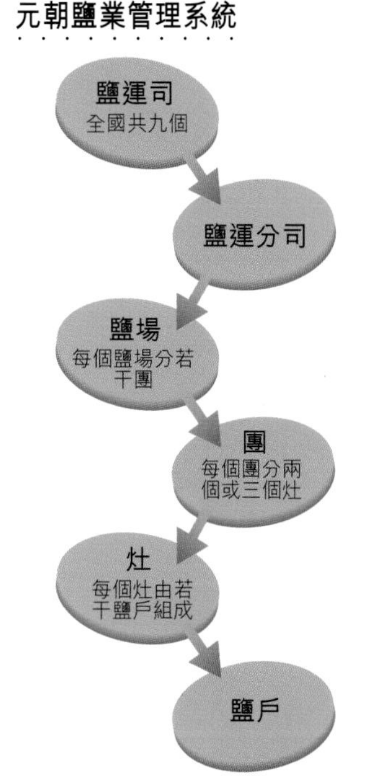

茶稅

金朝茶葉列入國家十項榷貨之中，榷茶方法與宋朝基本相同。茶葉主要產自南方，因此元朝攻滅南宋後，在江南設立了榷茶都轉運使司，在各產茶地區設立管茶提舉司，榷茶制度才逐漸完善。元朝榷茶制度不同於宋朝，宋朝榷茶是由政府向茶農買下所有茶葉，再由官方發賣；元朝是由茶商向茶司交納茶稅，領取公據，然後到產茶區購買茶葉，商人發揮了更多作用。考慮到北方茶葉比較昂貴，元朝對在北方銷售茶葉的商人收取額外的稅。元朝茶稅收入增長很快，1276年初徵時，全年收入為一千二百餘錠；1320年茶稅收入最多，總數達二十八萬多錠。

點茶圖

遼朝的茶葉，主要是通過貿易和宋朝的饋贈獲得。契丹貴族喜愛飲茶，而且看重宋朝的名貴茶葉。他們接待客人的時候"先湯後茶"，與宋朝"先茶後湯"的習慣正好相反。

玻璃蓮花托盞

隨着飲茶習慣的普及，各式飲茶器具的製作也日趨精美。

酒稅——國家財政重要來源

遼朝榷酒的具體情況已經無從知曉，遼東京（今遼寧遼陽）榷酒機構一個叫董豬兒的"秤吏"，依仗權勢，每天強索"官錢"兩千，可見東京榷酒的收入是很可觀的。元朝飲酒風氣盛行，釀酒成為獨立的手工業。元大都每日釀酒300石，一年僅釀酒所需的糧食要1200多萬石，酒稅因此成為國家的主要稅收。元朝曾經對酒實行專賣，不得私自釀酒，但禁止私酒比禁止私鹽、私茶更為困難，所以後來索性開放，允許私人自具工本釀酒，按照消耗的米數徵收酒稅。元天歷年間，天下商稅共計九十三萬多錠，其中酒稅佔了一半。

西夏人釀酒場面

西夏人生活在高寒地帶，為了抵禦嚴寒，釀酒與飲酒成為他們的生活習俗。這是一幅描繪西夏人釀酒的壁畫，畫面的灶台上安一套層疊的方形器皿，經科技史學家李約瑟等人考證，認為它是水酒蒸餾器。

市舶稅——海運發展的標誌

元朝在上海、澉浦（今浙江海鹽西南）、溫州、杭州、慶元（治今浙江寧波）、泉州、廣州設立市舶提舉司，中期之後在慶元、泉州、廣州三處設司，管理往返海外的商船。市舶稅按照貨物的不同，分為粗細兩種，細物十分取一，粗物十五分取一，稱為"抽分"；抽分之外，另取三十分之一作為市舶稅。

備宴圖

在遼墓壁畫上，溫酒具和飲酒具多同時出現於備宴和宴飲場面中，反映出契丹人好飲的風俗。

世界矚目的手工業

①北方民族手工業的興起

北方民族有基於遊獵生活的傳統手工業，在佔領中原地區以後，北方民族手工業受到中原先進技術的影響而快速發展。北方民族手工業的進步，除了為統治者提供了足夠的物質享受外，也提供了豐富的產品，推動了商品交換，從而使得手工業與畜牧業、農業一起，為其稱雄北國數百年提供了堅實可靠的物質保障。

工匠的來源

北方民族的傳統手工業，如氈織、製車、食品加工等，主要是為了滿足基本生活所需，其手工業的突飛猛進是在漢族工匠的參與之下取得的。北方王朝進攻中原時，都重視掠獲工匠。割讓燕雲十六州給契丹後，“中國器度工巧衣冠士族多為犬戎所有”。西夏除了掠獲以外，還多次向宋金求取工匠。蒙古每次攻陷城市後，總要殘酷殺戮，但工匠可以免死，他們被帶回集中居住，因此元朝工匠雖然主要來自中原，但也有許多來自中亞、西亞的色目工匠。漢族和色目工匠對元朝手工業的發展有很大貢獻。

官營與私營手工業

手工業歷來有官營與私營之分，北方民族概莫能外。官營手工業主要集中在國家壟斷的、關係國計民生的部門，如軍工、貨幣製造、製鹽、冶煉等部門，以及瓷器製造業等生產統治者高檔享受品的部門。但官私的區分有時不是固定的，如採礦冶煉業，大部分時間是官營，但官營嚴重虧損時，也採取私營的方式鼓勵生產。各個王朝官營手工業的比重也不同，一般說

元朝工匠

宋元以來，隨着城市經濟的發展，行業分工越來越明確，畫面上描繪的是身穿短衣的元朝土木工匠。

來，經濟水平較低時，官營手工業的比重較大，如西夏政府擁有“百工”、“眾匠”，設有“金作司”、“絹織院”、“鐵工院”、“木工院”、“造紙院”、“磚瓦院”、“出車院”、“文司院”等手工業管理機構。值得一提的是，遼朝和元朝貴族官吏也擁有自己的手工業，主要是通過賜予獲得的。同時，這個時期佛教勢力膨脹，還出現了寺院經營的手工業。

執杖老者

瀑布

手工業的成就

與畜牧業相關的手工業，在北方民族手工業中佔有重要地位，如皮革用來製造衣着甲胄、皮囊；用毛製繩，以筋為弦，為騎兵的崛起準備了必要的條件。他們在傳統手工業基礎上，吸收其他民族技藝進一步發展了氈毯製造、馬具製作、製車等行業，在當時享有很高的聲譽，契丹的馬鞍、西夏的劍，眾口交譽。與畜牧相關的手工業的發展，為北方民族對外商品交流打下了堅實的基礎。而主要是吸收漢文化形成的手工業部門，也根據自己的民族喜好，生產出了許多特色產品。

張成造剔紅人物盒

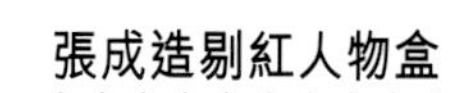

張成是元朝末年嘉興的雕漆巨匠。這件剔紅人物盒色澤鮮豔，盒面錦地上刻一老者和兩個隨侍童子正在觀瀑，盒身刻迴紋，盒底靠邊處有針劃“張成造”款。

雙鳳齊飛玉飾

金朝玉器製造業發達，留下許多傳世精品。這件雙鳳凰齊飛玉飾造型精巧，一對飛鳳嘴尖相對，雙腿合並交叉，作比翼齊飛態。玉飾琢製、拋光技術高超，顯示了金朝製玉的工藝水平。

繫鏈水晶杯

杯身用水晶製成，繫金鏈並配有鎏金銀蓋。

雙獅石硯

世界矚目的手工業

② 蓬勃發展的金屬冶煉鑄造業

龍紋金帶銙

銙是中國古代男子腰帶上的飾物，其質料和數目隨服者的身分而異。這件遼朝的金帶銙手工精美，應是貴族佩帶的飾物。

礦冶是重要的手工業部門，直接關係到生產工具、生活用品的製作，軍事勢力的強弱，貨幣流通和財政稅收等，因而一直受北方民族統治者重視。礦冶業的發展，為金屬手工業的發展奠定基礎。豐富多彩的金屬手工業製品，既是北方民族社會生產力發展水平的標尺，也是北方民族勤勞智慧、審美觀念、生活習俗的體現。

國家對礦冶業的經營

北方金礦礦藏豐富，銀銅礦則主要在江南。北方王朝的統治者為籌措金屬礦源，在中央專門設置機構，採取有利於礦冶業發展的政策。契丹為採冶陰山（在今內蒙古南部）的金銀礦藏而設置山金司。西夏因對宋戰爭而設立鐵冶務。金朝採取了明智的管理政策，先是改國家壟斷為"許民開採"，採取低稅收措施，後來又下令金銀礦冶聽民開採而不收稅。金世宗認為金銀是"山澤之利"，理應與民，這種藏富於民的觀點大力推動了金朝礦冶生產的發展。元朝在工部專門設局，監督冶鐵生產技術的發展，出模和鑄造都有特設的管理部門。

鏨花金針筒

長圓筒形，外表鏨刻纏枝草葉紋。有蓋和鏈，便於攜帶。

冶鐵和金屬手工業的迅猛發展

契丹人的冶鐵技術傳自室韋人，公元911年，耶律阿保機建立鐵冶，隨後鋼、金銀手工業也相應發展起來，這是契丹社會生產力的飛躍。滅了盛產

鍛鐵圖

雙扇鼓風能夠連續地將風吹入煉爐，使爐內始終保持高溫。這幅敦煌西夏冶鐵圖，是中國現有最早的木風箱冶鐵圖之一。

鐵的渤海國以後，契丹的冶鐵業發展更為迅速。

冶鐵是西夏最重要的手工業部門，由於對宋戰爭的需要，元昊時期設立鐵冶務，製造精良的武器，"夏國劍"被宋人評為"天下第一"。

女真人在建國前就會煉鐵，滅遼、宋以後，中原先進的技術傳入東北地區，其冶煉業迅速發展起來。在遼寧綏中縣後村、新民市前當鋪村的金元遺址分別出土數十件鐵器，説明金朝東北地區的冶鐵業有長足的發展；這些鐵器多為鍛造，少數為鑄造，也説明東北地區冶鐵業的水平還較低。

隨着冶鐵業的發展，鐵器的生產從兵器轉向農具和生活用具。鐵器的輸入對北方民族社會生產力的發展、軍事實力的增強都有不可忽視的作用。

先進的冶煉技術

契丹著名的鑌鐵是經過多次冶煉鍛打而成的，堅韌如鋼，遼帝常常以鑌鐵刀作為禮物送給宋朝皇帝。興中府（治今遼寧朝陽）建造的鐵塔，既説明遼朝鐵產量之高，也説明冶鐵及工藝製造技術的進步。

西夏冶鐵有先進的雙扇鼓風設備和冷鍛技術，使用雙扇的鼓風設備可保持爐內高溫，而用冷鍛技術製造的鎧甲異常堅固，宋人自嘆不如。

元朝冶煉業的顯著進步是使用強度高、壽命長的金屬模具。元朝冶鐵業已經用煤，元大都出土的鐵器含硫較高，應當是化鐵時用煤的結果。

龍紋瓜棱銅壺

歷史小證據

金朝嚴格控制銅器流通

金朝政府為尋找銅源，不遠萬里，"逾天山北界外採銅"，並在中原地區大力找礦；又大量搜刮民間銅器。金朝境內，銅器的流通受到嚴格限制，像鏡子、樂器等必須登記，並加刻檢驗文字。此鏡背面鑄有契丹文字，鏡邊刻"濟州錄事完顏通"字樣，"濟州錄事"當為金初官職。此鏡為遼朝舊物，經完顏通簽刻後發放使用。

契丹文銅鏡

世界矚目的手工業

③ 發達的傳統金銀手工業

喜愛金銀器是北方民族的傳統，這個時期金銀採冶技術的進步為金銀手工業的發展奠定了基礎。金銀器的生產方式以官營為主，私人產品也佔有不少市場。他們積極吸收唐宋金銀器工藝的長處而不斷變革，產品種類豐富，尤其精彩的是富有民族特色的器物。

金銀器的生產方式

金銀的採冶為金銀手工業的發展奠定了基礎。由於金銀屬於貴重金屬，所以金銀器的生產還是以官營為主。在遼南京（今北京城西南隅）等城市，有專業化的金銀製作行當。由於北方民族在金銀礦冶方面取得進步，過剩的金銀自然流入民間，活躍了商品經濟，刺激了金銀手工業的發展，金元時期的金銀器上都發現了有私人作坊的鏨文，說明私人製造的金銀器是流通的商品。

金花銀奩

圈足蓋上刻盤龍戲珠紋，盒外刻鳳凰牡丹紋，鏨花處鎏金。

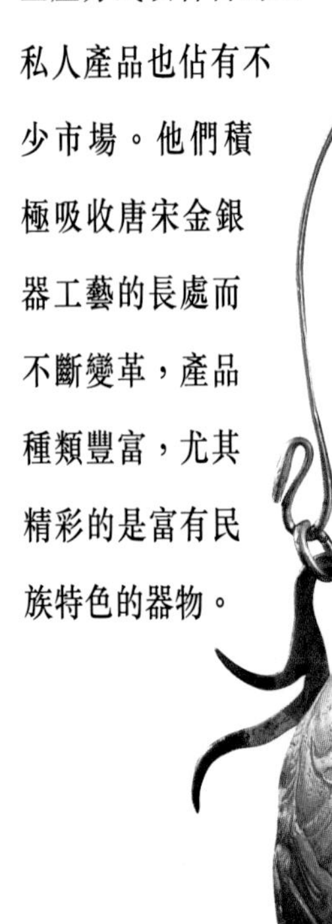

魚龍提梁銀壺

壺身呈雙魚龍形，雙魚龍頭尾相向，作戲珠狀。此壺魚龍形象矯健有力，是契丹早期模仿唐朝金銀器的代表器物。

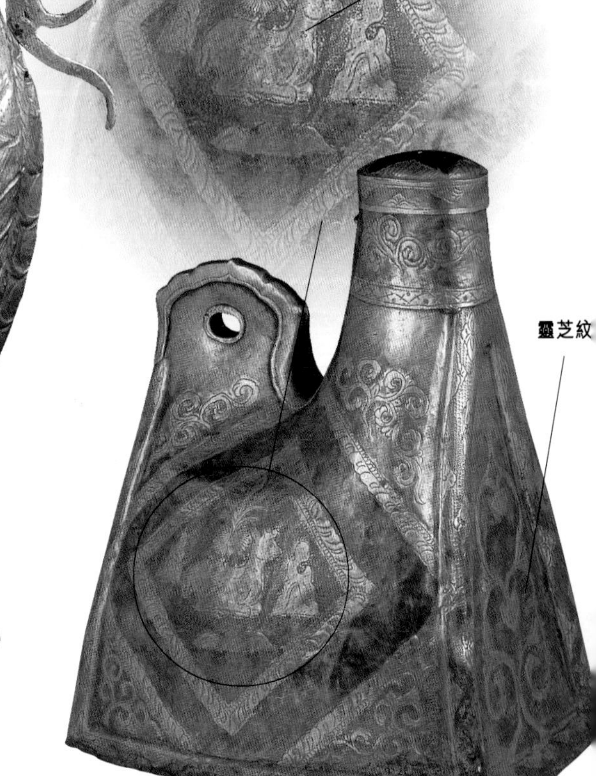

產品種類

北方民族的金銀器可以分為飲食器皿、生活用具、服飾品、馬具、兵器、葬具、宗教供養類用品、雜器等，其中既有沿襲中原傳統的器物，也有根據本民族的需要製造的產品，還有受到外來文化強烈影響的器物。

工藝風格

北方民族使用金銀器的歷史悠久，但遼夏金元的金銀手工業主要是在唐朝和宋朝工藝的基礎上發展起來的。這個時期的金銀器製作以遼朝和元朝成就最高。遼朝的金銀器製作工藝主要採用鈑金、澆鑄、銲接、錘揲、鏨花、鎏金、鑲嵌等唐朝盛行的技藝，裝飾圖案多採用唐朝的團花構圖，但較唐朝簡樸；遼宋澶淵之盟以後，遼朝金銀器開始受到宋朝影響，但又有別於宋器的工巧雅致。元朝金銀器種類更加豐富，器形設計構思巧妙，裝飾紋樣突破唐朝的團花樣式，根據器形構圖，造型與裝飾完美統一，題材也遠較遼朝廣泛。

鎏金花鳥鏤空銀冠

這是遼朝貴族的冠飾。陳國公主墓亦出土一件，與此相似。

銀槎

元朝時今浙江銀工很有名，此杯就是浙江製銀名匠朱碧山為自己製造的槎形酒杯。

鎏金仿皮囊式雞冠壺

朝的雞冠壺最初為皮囊式，考古發現也有木質、金屬質的，銀鎏金的雞冠壺極罕見。這件雞壺在兩側面中間有頂生靈芝的神鹿紋。器物的製作技法和神鹿紋等來自唐朝金銀器，但造型突出了契丹的民族特點。

世界矚目的手工業

④ 各具特色的陶瓷業

陶瓷器本身並不適合遊牧民族逐水草而居的傳統生活，各族立國後，陶瓷業都有不同程度的發展，因此，陶瓷器是遊牧民族由馬上行國與農業城國相結合之後的產物，是遊牧民族逐漸進步的表現。北方民族的陶瓷器深受中原陶瓷工藝的影響，但不論器形，還是釉色，都有自己的特色。

遼朝陶瓷器

在遼朝五京地區都發現窰場，有民窰和官窰之分。官窰白瓷產品精良，生產技藝受定窰影響很大。民窰產品胎質粗厚，均施化妝土。遼朝陶瓷器造型粗獷、質樸，既有中原樣式的，也有契丹樣式的，在同時期的北方窰產品中獨樹一幟。瓷器有白釉、黑釉、白釉黑花等，陶器有單色和三彩器，最具特色的陶瓷器是雞冠壺和三彩器。

雞冠壺原名"馬盂"，是契丹人用來儲存水、酒、奶的用具，便於馬上攜帶，是行軍的隨身物品。器物上部的提梁有的做成雞冠狀，雞冠壺因此而得名。遼三彩和唐三彩一樣，都是冥器。遼三彩的興起，與遼朝中期政府嚴禁厚葬有關。遼朝地處北邊，自然資源有限，貢物數量亦有限，而貴族厚葬之風，對社會財富是極大的浪費。因此，政府禁止使用金銀器陪葬，代之以仿金銀器效果的三彩釉陶器，或鎏金銅器。

遼三彩陶鴛鴦壺

這件遼三彩黃綠相間，色彩鮮豔。運用三彩釉刻畫鴛鴦的羽毛，體現了高超的藝術造詣。

金朝陶瓷器

金朝的陶瓷業可以分為東北和中原兩大區域。東北地區有豐富的煤礦資源，生產多以煤為燃料。燒造技術卻遠遠落後於中原地區，採用窰柱支燒，蘸釉法施釉，火焰與瓷坯直接接觸，瓷坯受熱不均，釉面容易污濁。產品主要是生活用品。中原地區的陶瓷業在大定初年南宋與金達成和議之後，才逐漸恢復，具規模的有今河北曲陽縣的定窰、邯鄲縣的觀台窰、河南禹州市的鈞窰和陝西銅川市的耀州窰

雙猴綠釉雞冠壺

這尊壺仍然保留了仿皮囊的原始形態。絲綢之路開通後，大批商隊往來於東西方之間，中國的馴猴也隨之遠行異域，成為旅途消遣的伙伴，文物中經常可以看到騎在駱駝背上的馴猴形象。

等。在繼承宋朝優勢的情況下，有所創新，許多產品採用金人所創的砂圈疊燒法*。蒙古軍隊侵擾，耀州窰遭兵燹，有六百年悠久歷史的耀州窰“遂爾失傳”。

西夏陶瓷器

西夏陶瓷業是在中原地區陶瓷工匠的直接參與下發展起來的，黨項尚白，故瓷器中白色器皿較多。西夏瓷器以白瓷和黑釉剔花瓷為代表，產品深受定窰和磁州窰系的影響。由於地處北國，氣候乾燥，故採用室內晾乾坯體的做法，窰址作坊內設有專門為晾乾坯體設置的火坑設施。

白釉黑花葫蘆式壺

這件金朝瓷壺造型新穎，壺頂無口，注水口位於壺底，裝水時需將壺倒置。

西夏黑釉刻花罐

罐體外施黑釉，腹部以花卉紋為主體圖案。

磁州窰虎形枕

磁枕為臥虎形。虎背為枕面，上繪蘆塘秋禽圖，虎身施赭黃釉，枕底有墨書年款。這是金朝器物。

瓷印模

這是為瓷器壓印花紋的印模。

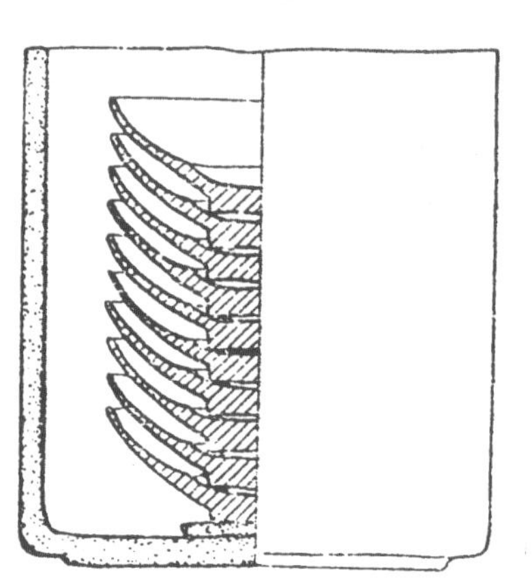

砂圈疊燒法示意圖

小辭典

***砂圈疊燒法：** 器物施釉以後，將器物的底刮去一圈釉面，形成一個露胎的圓環（即“砂圈”），然後將另一件底足不施釉的器物放在砂圈上，如此一個個疊放，砂圈使疊燒器物不會黏結。疊燒可以充分利用窰內空間，既減少了工序，又提高了產量，因而得到普遍推廣。

世界矚目的手工業

⑤元朝瓷器業的新成就

元朝瓷器業發展迅速，創造了許多精美的產品。北方瓷窰繼續發展，南方瓷窰不斷創新，尤其是今江西景德鎮的青花、釉裏紅、卵白釉、紅釉、藍釉瓷器的出現，今浙江龍泉青瓷的進一步發展，為明清陶瓷業打下了堅實的基礎。為了適應海外貿易的需要，江西景德鎮、浙江龍泉按照伊斯蘭國家的習俗生產了大量的青花和青釉瓷器。

製瓷技術的進步

元朝製瓷技術的進步表現在：

1．採用瓷石加高嶺土的“二元配方”法，減少器物變形，提高了燒成溫度，因而元朝的大型器每有傑作；

2．青花、釉裏紅、高溫色釉瓷燒製成功，青花、釉裏紅又巧妙結合中國傳統的繪畫技術與製瓷工藝，開闢了瓷器裝飾的新天地；

3．分室龍窰技術的發展。

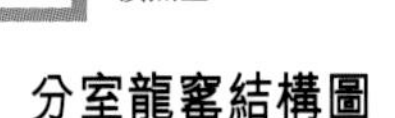

分室龍窰結構圖

這種龍窰依照山勢而建，窰身長而寬大，中間有隔牆，便於控制升降溫度和延長保溫時間。分室龍窰是通間式龍窰向明朝階級式龍窰的過渡形式。

瓷器的重要新品種

青花、釉裏紅和顏色釉是元朝的新品種。釉裏紅瓷器的製作工序與青花瓷器相同，使用銅為着色劑。燒製高溫顏色釉要熟練掌握呈色劑，元朝成功燒製卵白釉、紅釉、藍釉等，結束了元朝以前瓷器以青、白為主，仿玉類銀的局面，為明清製瓷工藝的高度發展奠定了基礎。

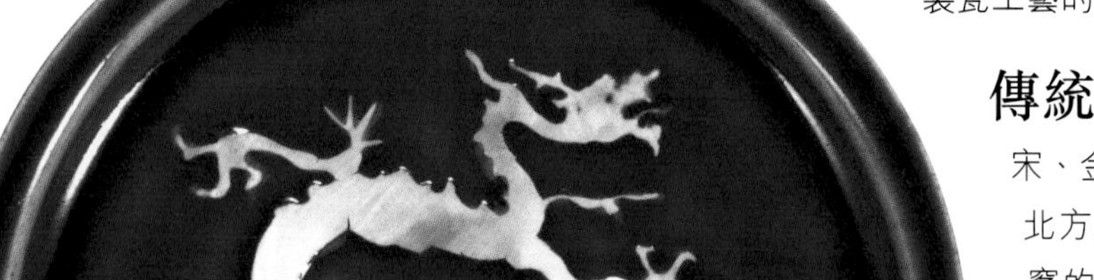

傳統名窰的再輝煌

宋、金以來，磁州窰產品深受北方人民喜愛，元朝磁州窰的燒造數量和窰場數目都達到頂點。主要品種是白地黑花瓷器，還有白地剔花、孔雀綠釉黑花、釉上彩、三彩等品種。

鈞窰直到元朝才形成一個窰系，今河南、山西、河北的許多地方都曾燒造過鈞窰瓷器。元朝鈞窰器釉色主要是天藍、月白交融，而以月白為主，宋朝的海棠紅、玫瑰紫等鮮豔的色彩在元朝少見。

藍釉白龍紋盤

元朝景德鎮窰燒製，藍釉的盤內中心堆雕青白色釉三爪龍紋，對比強烈。

輸入原料和外銷瓷業的繁榮

元青花用的鈷料有國產和進口兩種，國產鈷料錳含量高，鐵含量低，呈色淺淡；進口鈷料鐵高錳低，呈色濃豔。元朝南方地區大量燒製青白釉瓷器，其中今廣東和福建的青白釉瓷器主要是為外銷。元朝青白釉瓷器較宋朝同類瓷泛青，也不像宋瓷那樣清澄。胎體普遍增厚，器型由輕巧變為厚重。附加裝飾增多，造型向多樣發展。

元朝龍泉窰為了適應對外貿易的需求，迅速向水路交通要道延伸，二百多處窰址，半數分佈在甌江和松溪兩岸，產品可以迅速轉運到重要通商口岸溫州和泉州，遠銷海外。在韓國新安海底元朝沉船中打撈出來的一萬多件瓷器中，龍泉窰瓷器有三千多件。

元朝重要瓷窰遺址分佈圖

鈞窰香爐

元武宗至大二年(1309)造。造型渾厚碩大，通體施厚重的天青色釉，氣勢恢弘，充分體現大元氣象。

磁窰白地剔花飛鳳牡丹罐

剔花層次分明，為元朝磁窰系的精品。

纏枝牡丹紋龍泉窰瓷瓶

通體施天青色釉，是元朝龍泉窰的代表作。

世界矚目的手工業

⑥ 景德鎮製瓷工藝的新突破

元朝製瓷業的一個突出現象，是景德鎮作為新興的瓷業中心迅速崛起。它的興起除了地理位置、礦產資源的優勢之外，青花產品的燒造成功和官府的重視是兩個必要的條件。許多新的技術都從景德鎮興起，並影響後代，其中青花瓷更是成為元朝以來中國最具有民族特色的瓷器而聞名全世界。

青花瓷與新的瓷業中心的形成

元朝景德鎮的興起與青花瓷器的燒製成功密切相關。元朝以前，刻花、劃花等是主要裝飾手法；自景德鎮青花瓷器興起之後，彩繪成為裝飾手法的主流。這是因為青花瓷的青花為釉下彩，着色力強，呈色穩定，紋飾不會褪脱，而且對窰內氣溫要求不高，原料在國內外都有。青花瓷器白地藍花的藝術效果符合中國傳統水墨畫的欣賞要求，在國外又有廣泛的市場，這使得青花瓷在元朝異軍突起，並使景德鎮空前繁榮。蒙古人統一中國的前一年，即至元十五年(1278)，在景德鎮設立了官府機構“浮梁瓷局”掌管燒造瓷器，標誌着景德鎮完全超越原來各地的名窰，獨領風騷。

官方政策的影響

景德鎮礦藏豐富，周圍盛產松柴，境內又河流縱橫，水上交通便利，因此，景德鎮燒造的瓷器在宋朝就已經很出名。元朝在這裏設立“浮梁瓷局”，設大使一人，直接隸屬於中央掌管各種手工業的將作院。“浮梁瓷局”的設立對景德鎮製瓷業起到很大的促進作用。在嚴格管理之下，工匠們用最好的原料、創新的技術，不惜工本地為元朝統治者燒造瓷器。後來官方採取“有命則供，否，則止，税課而已”的政策，在無政府徵收任務的時候，民窰就可以利用創新的技術生產商品瓷，從而使得大量的民間窰口獲得發展的契機，反過來促進了官窰產品的提高。

釉裏赭花卉紋神座

這件仿真瓷製神座造型敦厚古樸，是景德鎮瓷器中的精品。

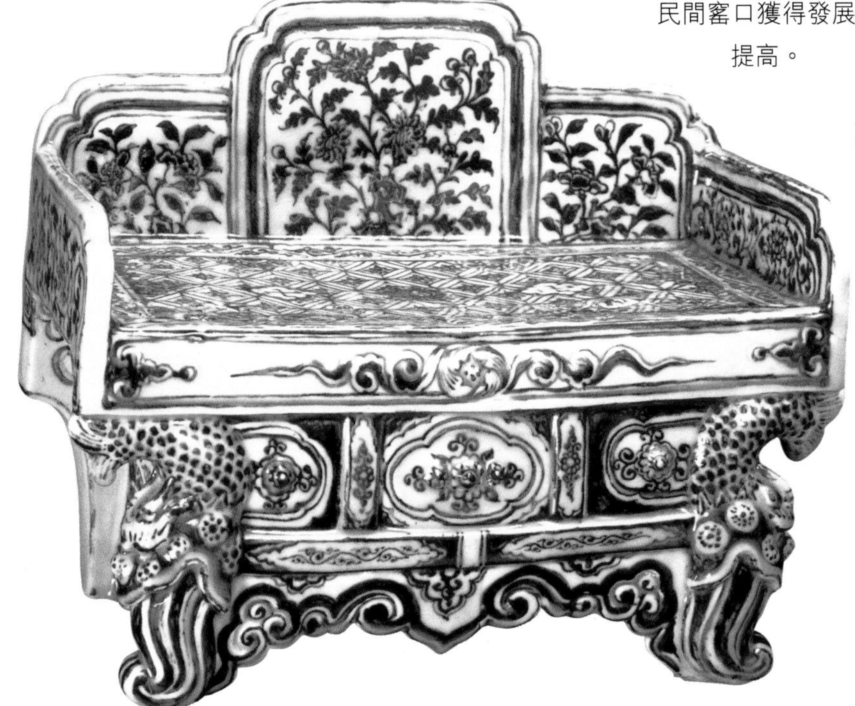

景德鎮的高技術產品

青花是以含鈷的礦物顏料在瓷坯上繪畫，然後上釉燒製。唐朝工匠已經知道使用鈷藍作為彩繪原料。伊斯蘭國家亦早在公元9世紀前後已經能燒製青花瓷器，但技術較低。西亞的青花技術和青花原料傳入中國以後，元朝在唐朝的基礎上，燒製出的青花瓷器精美亮麗，遠銷海外。此外，釉裏紅瓷器、紅釉和藍釉瓷器都是景德鎮的特色產品，標誌着製瓷技術發展的新水平。

景德鎮的官府特燒產品

“樞府瓷”是元朝樞密院在景德鎮定燒的瓷器。釉色白中泛青，與鵝蛋的色澤相似，所以稱為“卵白釉”。潔白潤澤的卵白釉，是著名的明永樂甜白釉的前身。雙龍紋和纏枝花卉是兩種常見的印花題材，花卉間往往印有“樞府”二字，因而得名。

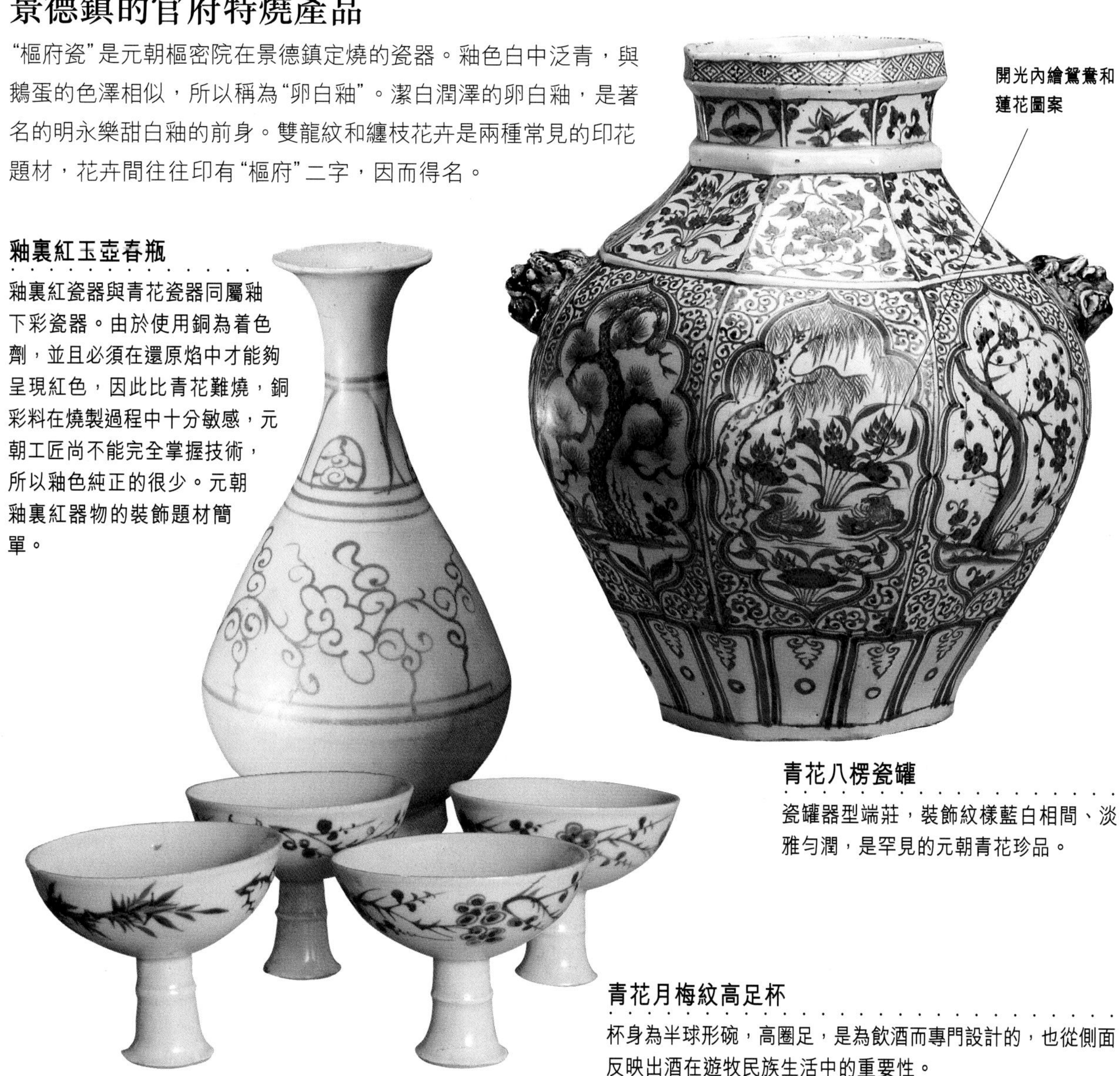

釉裏紅玉壺春瓶

釉裏紅瓷器與青花瓷器同屬釉下彩瓷器。由於使用銅為着色劑，並且必須在還原焰中才能夠呈現紅色，因此比青花難燒，銅彩料在燒製過程中十分敏感，元朝工匠尚不能完全掌握技術，所以釉色純正的很少。元朝釉裏紅器物的裝飾題材簡單。

青花八楞瓷罐

瓷罐器型端莊，裝飾紋樣藍白相間、淡雅勻潤，是罕見的元朝青花珍品。

青花月梅紋高足杯

杯身為半球形碗，高圈足，是為飲酒而專門設計的，也從側面反映出酒在遊牧民族生活中的重要性。

景德鎮釉前工序示意圖

拉坯　鏇坯　彩繪

世界矚目的手工業

⑦ 北方民族的紡織業

琥珀蠶蛹

遼陳國公主墓出土。蠶蛹形象造成藝術品，是現實生活中養蠶的具體寫照。

衣皮毛本來是北方民族的傳統習慣，在此基礎上發展出最初的紡織業。佔領漢族地區之後，他們的紡織技術迅速提高，絲織業還出現了自己的特色產品，並在商業流通領域發揮着重要作用。而毛皮製品也在原有基礎上日益發展，除了作為傳統服飾依然受到北方民族的喜好之外，還成為對外貿易的重要商品。

“精絕天下”的遼朝紡織品

奪取原來中原王朝北方的經濟中心——燕雲十六州之後，遼朝紡織業很快發展起來。契丹腹地遼上京養植桑蠶，城內有綾錦作坊；而遼中京等地原本就是“地宜桑柘”的地區。遼朝有專業化的絲織業，宋朝使臣出使遼朝，經過“靈、錦、顯、霸四州”，看到到處都是“桑麻貝錦”，州民不交納田租，“但供蠶織”，被稱為“太后絲蠶戶”，就是從事絲織業生產的專業戶。除絲織業之外，麻紡織業亦很發達，麻布為民眾提供了最基本的衣料。

遼朝紡織業取得高度的成就，出現了被宋人稱為“精絕天下”的紡織品。遼的羅在宋境內被當成奇貨，遼朝的“細錦刻絲透背”、“ 細錦綺羅綾”等曾送給宋朝皇帝作為禮品。遼朝的精品布、帛等紡織品還曾作為通貨流通，雙邊貿易中紡織品的數量可觀，使契丹與西方的交通道路成了名副其實的“草原絲綢之路”。

遼耶律羽之墓石門彩繪團花圖案

這扇石門以紅色為地，所繪屬典型的絲織物團窠圖案。團窠這種圓形主題紋樣的圖案，是唐宋絲綢常見的圖案。

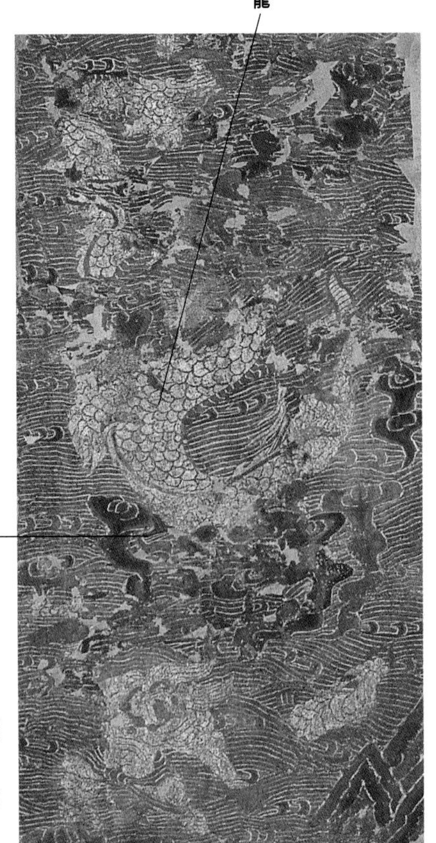

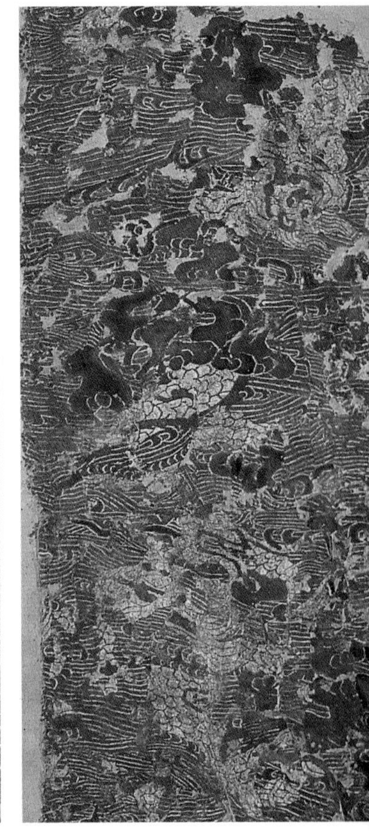

刻金山龍紋衾

刻絲是用通經斷緯的方法織造，用彩色的緯絲來顯示花紋圖案。“刻金”是用金線作為緯線織出，較刻絲更珍貴。這件遼朝山龍紋衾是首次發現的刻金作品，衾面由八幅橫幅並排縫成，共長2米。

西夏的毛皮製品

黨項以畜牧業產品作為生活資料的主要來源，毛皮是西夏與其他民族貿易的重要物品。馬可・波羅記載，西夏都城興慶府的毛氈、白氈是世界上“最麗之氈”，“所製甚多，商人以之運售契丹及世界各地”。

西夏也生產絲織品，設有絹織院，西夏人喜愛宋的詞賦，“織以為文錦”。不過，院中的工匠可能來自於宋，原料也是從榷場貿易中交換來的。

金朝的紡織業

女真人的服裝分為兩大類，一類是毛皮製作的皮衣；一類是以麻為原料的布衣，“貴賤以布之粗細為別”。入主中原以後，金朝規定每戶定量種桑，並從中原地區遷去大量工匠，於是先進的紡織技術流傳到東北地區。北宋舊地的紡織業，包括與農業結合的家庭紡織業，在動亂之後也逐漸恢復。今山東嘉祥縣，當時有一個成氏大家族，自五代經歷十餘世，依靠農業和婦女養蠶種麻，“以製衣服”，到金大定初年，發展成為三四百人的巨族，素有“郡邑豪士”之稱。金朝著名的紡織品有東京遼陽府(今遼寧遼陽)的師姑布、中都路涿州(治今河北涿州)的羅、河東南路平陽府(治今山西臨汾)的捲子布等，有的還是貢品。由於紡織業的發展和絲織品的豐富，金朝將絲織品作俸祿，大量優質低價的絹還成為金宋之間榷場貿易的主要商品，行銷到南宋，換回南宋大量的銅錢和糧食。

菱紋羅繡團花套褲

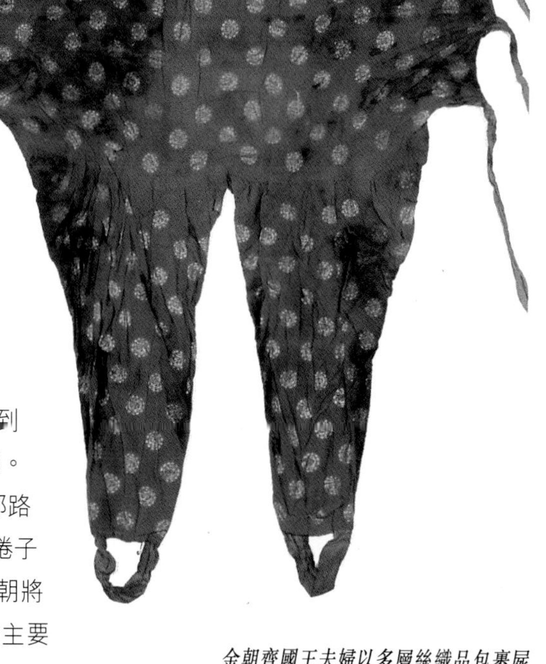

金朝齊國王夫婦以多層絲織品包裹屍體，國王裹八層十七件，夫人裹九層十六件。如此多的絲織品出現在一座墓中，反映金朝絲織業的發達。

淺棕色印金羅腰帶

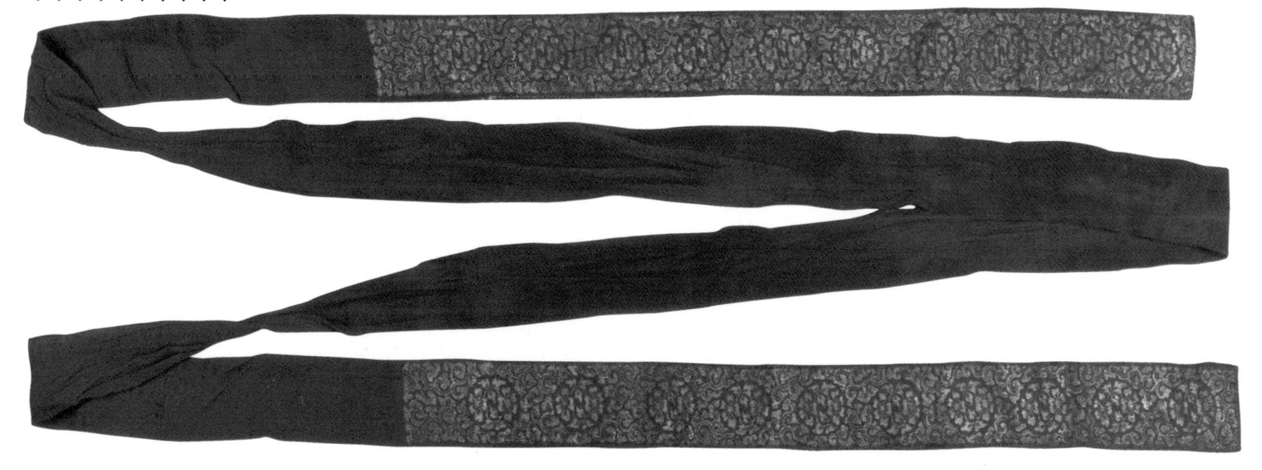

世界矚目的手工業

⑧ 開明清先河的元朝紡織業

元朝是中國紡織業發展的重要階段。棉花種植普遍，改變了傳統以麻布為主要衣着原料的習慣。棉織業的興起，帶來了一整套創新的設備和技術。絲織業雖然因為棉織業發達而有所衰退，但技術依然有進步。元朝在蘇州平橋南設立織造局，開創了元、明、清三朝在江南設置織造局的先例。而適應蒙古貴族審美需要得以發達的織金等紡織技術，將元朝高級的紡織品裝飾得五彩繽紛、富麗堂皇。

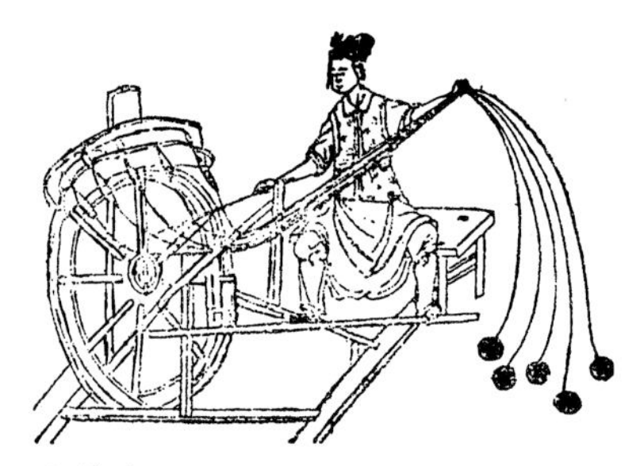

小紡車圖

在紡織業發達的元朝，凡是種麻、苧的鄉村到處都有小紡車。

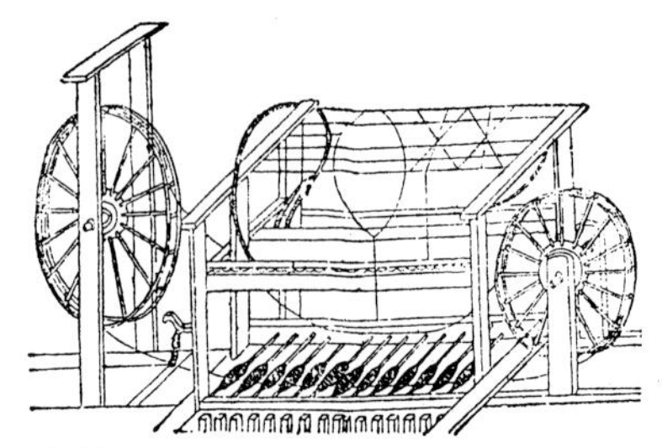

大紡車圖

織造作坊會採用較大型的紡車以配合生產。

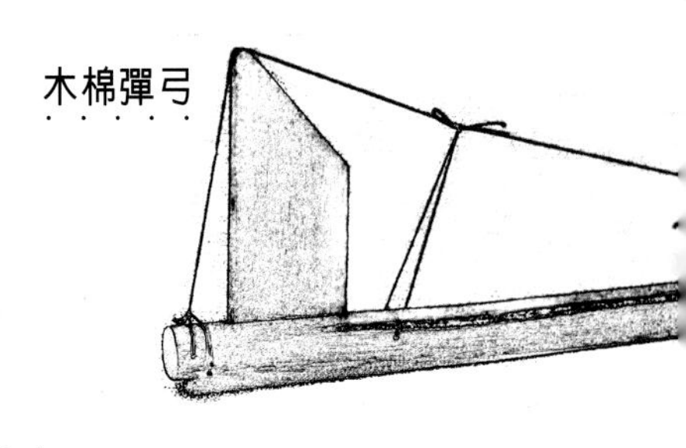

木棉彈弓

棉織業的興起和技術創新

棉花種植的推廣促進了元朝棉織業的興起，許多傳統的桑蠶養植區都改種棉花，棉布已經成為百姓的基本衣料。

棉織業的興起帶來紡織業的革新，棉花加工過程中碾去棉籽的木棉攪車、用於去籽後彈開皮棉的木棉彈弓、用於將棉花纖維捲成筒條狀的木棉捲筵、用於紡棉的腳踏紡車等形成了一套獨立的操作系統。這些技術的推廣，黃道婆頗有功勞，她將海南先進的棉紡技術傳入家鄉松江，影響很大。

繅絲技術的進步，表現在廣泛應用了腳踏繅車以取代手搖繅車，並有南北兩種繅車之分。元朝的紡車技術出現重大創新，水轉大紡車達三十二錠，在當時屬於領先世界的技術，歐洲遲至18世紀晚期才運用水力紡紗。

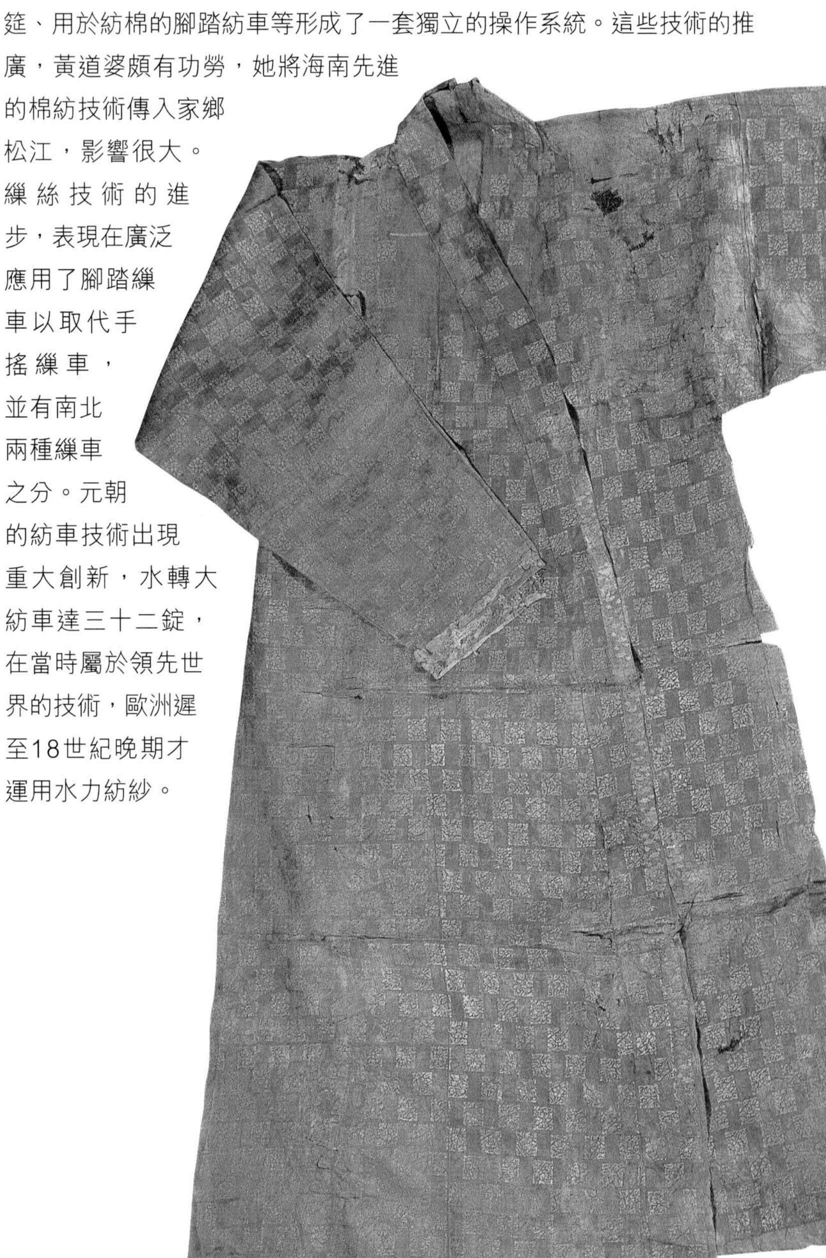

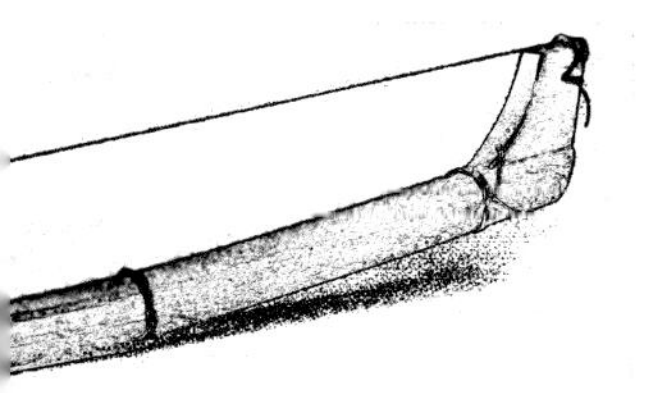

織金技術的發展

織金絲織物是元朝的重要絲織產品。織金是用金縷或金箔切成的金片作緯線織花，使織物呈現金屬光澤的技術。元朝織金技術空前發展，元朝統治者衣服的面料首選織金織物。當時大批擅長織金技術的西域工匠東來，為中國傳統絲織工藝與西域織金技術的融合創造了條件。元朝三品以上官員可以用納石失的織物做帳幕；軍隊還用納石失錦作為營帳用料，常常綿延數里，蔚為壯觀。需求量增大使元朝的織金織物產量相當可觀。

印金花卉綾長袍

為交領左衽直裾式長袍，面料貼金印花，有牡丹、蓮花、菊花等紋樣，質料精美華貴，是元朝貴族的衣服。

印金夾衫

印金是利用金箔製成金泥等塗料，然後加入黏合劑，用繪畫和壓印的方式，裝飾到織物表面。印金在西漢已經出現，多施於衣物的局部，元朝則遍及整件衣物，而且產量很高。織金和印金織物的大量出現，一方面表現出蒙古人的審美觀點，另一方面也和戰爭掠奪、海外貿易等途徑獲得大量黃金有關。

歷史小證據

金絲織物和納石失披肩

納石失是波斯語“金線”的意思。馬可•波羅在大都就看到“用馬車和馱車載生絲至此處的，每日不下一千起。金絲織物和各處生絲織物有極大量的製造”。除了大都之外，南京、鎮江、蘇州等城市都大量生產納石失錦。元朝織金技術發達，織金織物深受統治者喜愛。

納石失披肩

這件織金錦披肩織有龍、鳳等圖案，是元朝織金織物的精品。

多姿多彩的藝術

① 普羅大衆的戲劇時代

一代有一代的文學，元朝文學的主要代表是雜劇。元雜劇是宋金以來的戲劇進一步發展成熟的結果，同時也是中國真正的戲劇產生的標誌。這種降生於蒙古入主時代的藝術，也是市民興味和北人統治下的產物。

真正戲劇的誕生

有歌舞講演的戲劇在唐朝已經有雛形，宋朝時已能表演複雜的情節，加上唐朝以來興盛的講唱文學吸收入戲劇中，奠定了以歌唱為主的戲劇形式。元雜劇比起宋或金的戲劇，既繼承了結合歌曲、説白、舞蹈來演出故事的戲曲形式，又進一步由代言式歌唱，變為以第一身來表達思想感情，這是戲劇的重要元素，中國真正的戲劇由此誕生。

雜劇的傳播

元雜劇興起於蒙古佔領中原以後，到統一中國初期。早期的名雜劇家，大部分是北方人，以大都為活動中心，他們的創作以北方語言為基礎，可見元雜劇是一種北方的藝術。大都是當時交通的中心，工商業繁華，各種市民階層成為新興的都市文藝的欣賞者。後來元統一南方，雜劇也就順着政治勢力南下，14世紀初到60年代，雜劇的活動中心轉移到原來的南宋都城臨安（今浙江杭州）。

元雜劇見於名目的共有六百多種，現存二百多種，已知雜劇作家有二百人左右，其中關漢卿、馬致遠、鄭光祖、白樸被譽為"元曲四大家"。元朝各種文學作品中，以雜劇作品的成就最高，足以與唐詩、宋詞並提。

賞樂圖

描繪的是金朝貴族賞樂的情景，左邊一支幾人的小型樂隊前有一女優在舉袖表演，女主人坐在椅子上欣賞。

下層社會的心聲

元統一中國後，推行四等人制，漢人和南人備受歧視。雜劇的名作家雖然是知識分子，但社會地位不高，接近社會下層，他們許多人的生平至今仍不太清楚。元朝曾長期罷除科舉，知識分子失去晉身之階，長期生活於民眾之間，他們所寫的作品反映了社會底層人民的心聲。元雜劇多方面反映了當時的社會現實，對官吏的橫徵暴斂、統治階層的荒淫無恥、高利貸的盤剝、嚴刑苛法的殘酷，以及人民的抗爭等都有相當的反映，而且用語明白如話，深受大眾歡迎。

《竇娥冤》

元朝著名劇作家關漢卿創作的雜劇劇本，為中國古代四大悲劇之一。故事講述民女竇娥受惡人迫害，被誣殺人而判死刑。臨刑前，竇娥指天為誓，陳述冤情，感動天地，死後三件誓言皆應，世人震驚。後來，竇娥的父親為官，為其平反昭雪。

雜劇衰落與南戲復興

元朝晚期，雜劇離開了北方的語言環境，未能完全適應南方觀眾的口味，加之元朝晚期恢復科舉，文人熱衷仕進，創作雜劇的文人大為減少，雜劇因此由盛轉衰。

南戲原來是今浙江溫州一帶的地方劇，宋朝已經盛行；元初由於民族歧視政策一度遭到壓抑，但在民間依然流行；元末復興，最終取代了雜劇。

柳毅

小龍女

柳毅傳書銅鏡

以唐朝傳奇故事《柳毅傳》為題材，雕刻柳毅在道邊樹下偶遇牧羊的洞庭湖小龍女，聽其講述不幸遭遇後應允為其傳書的情景。湖水滾滾，一侍者牽馬而立。

吹口哨俑

吹口哨是宋元雜劇表演中常見的形式。

影青透雕《白蛇傳》瓷枕

枕身為仿彩棚式戲台，分四個不同雜劇場面表演《白蛇傳》借傘、還傘、水漫金山和拜塔救母的故事。人物情態逼真，道具齊全。

吹笛擊拍板俑

多姿多彩的藝術

② 自有天地的民族美術

北方少數民族的繪畫發展較晚，深受漢人畫風影響，但也有一些令人矚目的成就。遼金繪畫中成就突出的是人馬畫。人馬畫的昌盛既是其遊牧、狩獵生活的體現，也與統治者的提倡密切相關。

繪畫的傳承與發展

漢族繪畫藝術對遼金繪畫影響很深。遼朝早期繪畫深受唐朝繪畫的影響，有些畫家可能就是入遼的漢人。由於遼宋之間的長期交流，遼朝晚期，以文同、蘇軾、米芾等為代表的宋朝文人畫影響到遼朝的繪畫創作，遼末也開始出現一些具有文人風格的畫家和擅長墨戲的文人。

金趙霖昭陵六駿圖卷局部

昭陵六駿是唐太宗墓前石刻。六駿圖將六匹馬一一畫出，富有石刻原樣特色，具有渾厚淳樸的北方草原畫風。

金滅北宋後，擄掠其文物、圖籍、珍寶和大量工匠、技藝人等北返，故金朝文化主要繼承北宋。金朝早期繪畫受到北宋畫風的主宰；金朝晚期，南宋多選派擅長書畫的文官出使金朝，溝通了南北繪畫藝術。成就突出的是北方山水畫和人馬畫。山水作品把全景式的山水橫向展開，描繪北國羣山連綿的壯麗景色。代表畫家有李山、武元直等人，他們的作品影響了元朝早期的畫壇面貌。

任賢佑人馬圖軸

這是元朝人馬畫的代表作，圖中的駿馬體格精壯，比例勻稱，栩栩如生，整個畫面給人以雄渾古拙之感。

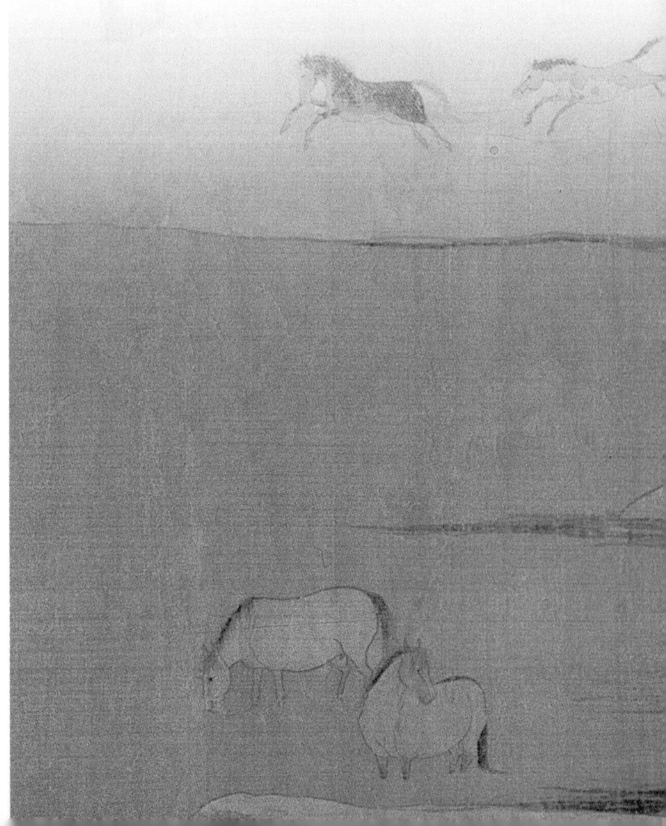

崇尚勇武精神的人馬畫

人馬畫與北方民族日常生活息息相關，加上皇室提倡，所以成為遼朝繪畫創作的主流。遼興宗丹青嫻熟，尤其以畫鹿著名，他的畫曾經作為禮品贈送給宋廷，受到宋朝皇帝的讚譽。耶律倍善於畫契丹鞍馬人物，他畫的《射騎》、《獵雪騎》、《千鹿圖》等都入藏宋朝秘府。

金朝的人馬畫被元朝人評價為“極有可觀”，全盛期湧現出楊微、張瑀等優秀畫家，創作了《二駿圖》、《文姬歸漢圖》等佳作。人馬畫的盛衰與金朝畜牧業的發展同步，金朝晚期，馬政凋敝，女真人已經不再有往昔剽悍尚武的民族精神，人馬畫也不復為時人所重。

胡瓌卓歇圖卷局部

胡瓌是活躍於唐末五代的契丹畫家，擅長描繪草原風情和遊獵生活，深受當時漢族畫家傾慕。此圖生動反映了契丹人狩獵生活的場景。胡瓌的兒子胡虔，秉承其父風範，所畫的番馬人物，常為宋人模仿。

趙孟頫秋郊飲馬圖卷

趙孟頫(1254~1322)，是宋宗室，在書、畫、印、藝論均有突出成就。此圖共繪姿態各異的駿馬十匹，筆法簡練，雅致的意境中又帶有草原的渾厚之風，是趙孟頫人馬畫的代表作。

多姿多彩的藝術

③ 生活氣息濃厚的遼朝壁畫

契丹族深受漢文化浸染，使遼朝的繪畫藝術兼具草原特色和唐宋繪畫風格，獨樹一幟，自成一家。契丹卷軸畫作傳世不多，而分佈廣泛的遼朝壁畫，特別是遼墓出土壁畫，不僅真實生動地再現了契丹族充滿浪漫色彩的草原風情，而且反映出契丹獨特的繪畫風格和高超的藝術成就。

自成一派的草原風情畫

草原不僅是北方民族的生生之資，也是民族藝術創作的廣闊天地。“春來草色一萬里，芍藥牡丹相映紅”，草原壯美的風景，動蕩遊移的生活，為契丹繪畫提供了豐富的創作源泉。契丹人喜歡草原風景和走獸花鳥，熱愛草原生活，並以寫實的手法在墓葬壁畫中加以表現。反映遼地自然風光的壁畫上有草原常見的野鹿、天鵝、海東青，與各種野花、草木相映成趣；描繪出獵、遊牧等草原生活情狀的壁畫，以人物、鞍馬居多，氣勢雄渾，畫風豪放，透露出濃厚的草原氣息。

漢式畫風的傳承

契丹繪畫以描寫北方少數民族的生活情狀為主，獨具特色，但在創作手法上深受漢地繪畫風格的影響，遼朝的壁畫真實反映出草原地區文化與漢族文化的交融與並存。遼朝早期壁畫人物豐腴，場面華麗，從藝術形象到繪畫方式都直接受到唐朝中原畫風的影響。遼朝中晚期在反映貴族生活的壁畫中，用筆有書法的墨色韻味，設色淡雅，明顯受到宋朝文人畫的影響。

出行圖

這幅壁畫描繪的是出行隊伍中的馬匹和侍從。持骨朵的侍從，反映出契丹人長年遊牧的軍事化生活特徵。

契丹生活的寫照

遼朝壁畫題材廣泛，是當時社會生活的生動寫照。壁畫中的貴族宴飲圖、出遊圖、遊牧圖，既是契丹人生活習俗的反映，也折射出遼朝統治下北方少數民族與漢族共同生息，相互融合的情況。遼墓出土壁畫對遼朝社會生活的反映，還體現在壁畫中所表現出的社會等級和貧富懸殊，以及不同階層在衣着服飾上存在的明顯差異。

奉侍圖

壁畫中描繪的是貴族家中正在忙碌的傭僕，畫中人物均穿漢式服裝，反映的是漢地遼朝貴族家中的日常生活。

童嬉圖

畫面上兩個小童正在偷桃子，其他小童躲在箱籠後觀望。小童臉部和手部採用暈染手法，人物形象更顯逼真。小童髮式既有契丹的髡髮，也有漢式的髻髮，反映出遼朝統治下漢人和契丹人雜居的情況。

貴婦圖

遼墓壁畫中對遼朝的社會等級也有反映。這幅壁畫中的貴婦儀態端莊，面部豐滿，頗具唐朝貴婦的風格，與壁畫中正在勞作的侍役形成鮮明對比。

多姿多彩的藝術

④ 文人精神與文人畫

元朝一統中國，元的繪畫已不是以少數民族畫家的創作為主，也少了遼金時期獨特的北方生活題材。元朝繪畫在中國繪畫史上有重要地位，尤其是文人興味的繪畫影響後世尤深。

黃公望、王蒙合作山水圖軸

這幅合作的山水圖既有黃公望"平淡天真"的畫風，又有王蒙繁密的特色，為元朝山水畫佳作。

抒情言志的元朝繪畫

元朝繪畫注重抒發文人的主觀意識，強調"藝貴自出"，開拓和創造足以表現畫家思想情趣的畫境，藝術的教化功能減弱，創作變成了藝術家抒情言志、怡情娛性的手段；詩書畫印相結合，書法成為繪畫的有機組成部分。唐朝繪畫很少有題詩書款；宋朝多數畫家的題款大多只是在樹木巖石間題寫姓名年月；元朝畫家則能畫善書，題款洋洋灑灑，並且與治印之風相呼應，對後世影響頗大。在這種總趨勢中，以元四家為代表的山水畫成就最高。

盛懋滄江橫笛圖軸

圖中樹木蒼勁，江邊一人獨坐吹笛，整幅畫給人枯寒寂索的感覺。

社會劇變中的繪畫風格

時代的滄桑引起元朝繪畫的題材、風格巨變。元一統中國之後，漢人和南人受到歧視，南宋遺民故舊紛紛遁隱山林。雖然有一些出身於世家大族的漢人（包括南人）受到優渥的生活待遇，但這並不能完全消除他們心頭的隱痛。而元朝知識分子的地位極其低下，加之政府罷除科舉長達八十多年，知識分子失去晉身之階，苦悶和彷徨的心情只有到文學藝術中去排解，直接促成了元朝繪畫風格的變遷。

在這種背景下出現的元朝繪畫，簡率尚意，不少作品瀰漫着冷寂、蕭散、放逸的寂寞情懷，是時代氣息作用於畫家心境的真實表現。所以後人有"獨荒寒一境，真元人神髓"的看法。元人的作品強調神韻而不再留心形似，因此而帶來個人風格的張揚，作品的面貌豐富多彩。

元朝文人畫主題

高蹈隱逸、寄情造化，山水等自然景色成為元朝畫家熟悉和樂於表現的題材，山水畫成為元朝足以與元曲成就相比肩的藝術形式。尤其是元朝中晚期以黃公望、吳鎮、倪瓚、王蒙為代表的元四家的藝術成就，澤被後代，影響了幾乎所有的山水畫高手。

四君子題材作品激增。由於梅、蘭、菊、竹歷來被中國人認為"與君子為近"，所以經常被元朝畫家用來表現淡泊之志、高蹈之心，表現矢志不渝的民族氣節、脱塵拔俗的思想情感。

至於人物畫則較前朝明顯衰退，而且題材也有變化，關注現實的作品極少，而大多是神仙鬼怪、高人逸士之類的題材。元朝的人物畫趨於冷落，與民族壓迫的政治環境密切相關，畫家不願涉及人事，從而轉向賴以寄興的山水中尋求感情寄託。

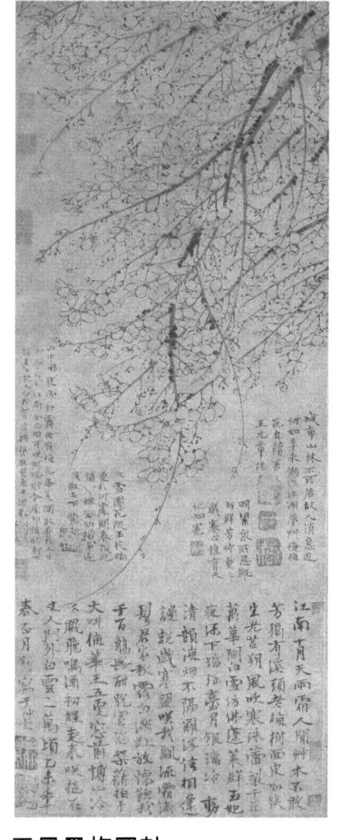

王冕墨梅圖軸

王冕(1287~1359)年輕時科舉不中，後歸隱，賣畫為生。尤其擅長畫梅花、竹石。《墨梅圖》上題有："不要人誇顏色好，只留清氣滿乾坤"，表達了作者清淡守節的思想。

倪瓚梧竹秀石圖軸

倪瓚的山水畫淡墨渴筆運用精熟，在元朝四大家中成就最高。家道中衰後，他隱迹太湖，潛心佛典道藏，所作畫意境恬淡。

趙孟頫水村圖卷

趙孟頫主張以書入畫，"石如飛白木如籀"的藝術實踐影響了元朝及以後的中國畫。這幅水村圖風格細膩，設色清淡，意境幽遠，是元朝山水畫的代表作。

豪爽民風

① 踏節而歌 樂舞翩躚

北方民族普遍能歌善舞，他們的音樂舞蹈有許多來自傳統，同時也積極吸收漢族與其他少數民族的音樂舞蹈，各民族間的樂舞有一定的交流。

音樂根據使用場合的不同，分成國樂、雅樂、大樂、散樂、軍樂等幾種，各有特點。北方民族的舞蹈主要屬於自娛性質。遼金時期，舞蹈作為獨立的表演藝術，並沒有重大的進展。元朝宮廷舞隊的結構龐大、複雜，民間歌舞也有不少載於史冊。

能歌善舞的傳統

舞蹈是北方民族日常生活的一部分。《契丹風土歌》中"大胡牽車小胡舞，彈胡琵琶調胡女。一春浪蕩不歸家，自有穹廬障風雨"之句，描寫的是契丹人的典型生活。北方民族的舞蹈融入了其民族性格。遼朝為了顯示國威，動用了三百多人的樂舞隊迎接宋朝使臣，宋朝使節認為他們的"舞者更無迴旋，止於頓挫，伸縮手足而已"。其實，在宋使看來簡率的契丹舞蹈，恰恰反映出其粗獷、豪邁、動作稜角分明的特點。

遼朝散樂圖

遼的散樂是五代時後晉伶官在公元938年帶到契丹的，表演時，俳優、歌舞雜進，活潑輕快，受到上自宮廷、士大夫，下至民間的歡迎。

《卓歇圖》中的樂舞

畫面上男女主人端坐在精美的地毯上，欣賞一個胡人的舞蹈。樂隊當中，兩人彈撥豎箜篌，三人擊掌相和。樂工都是胡服髡髮的契丹人，演奏的應是契丹的民族音樂——國樂。便於馬上攜帶的樂器，是契丹國樂的常用樂器。

遼朝統治下的其他少數民族也是能歌善舞的。遼朝末年，遼帝在宴會中命令各部落酋長依次歌舞，女真首領完顏阿骨打推辭説不會跳，遼帝認為他有反叛之心。不過，隨着漢化的加深，少數民族的歌舞逐漸不被重視。大定二十五年(1185)，金世宗回到東北故地，數月間沒有一個人給他獻女真歌舞，使他十分感傷。

禮樂制度的接納

國樂是指本民族的傳統音樂，地位最為重要。北方民族在祭祀本族祖先等重大場合，使用的就是國樂。雅樂是宮廷禮儀中使用的音樂。禮儀制度的建立，是少數民族政權逐步完善的一種表現，在這方面少數民族受漢族傳統雅樂的影響很大。遼夏金元的統治者或掠或請，無不從中原王朝引進樂工樂曲。宮廷用樂除了雅樂還有大樂，大樂不似雅樂嚴肅，主要用於宴飲場合。散樂包括歌舞、雜劇、俳優等多種節目，實際上是漢朝以來百戲傳統的延續，較之大樂更加歡快活潑，更適合助興的需要。

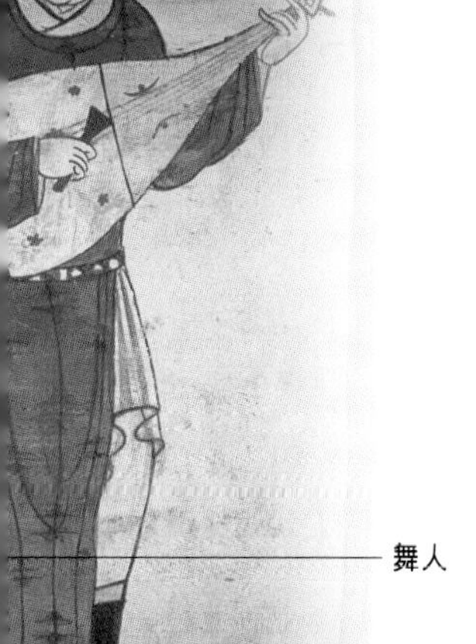

元朝的舞蹈

元朝宮廷樂舞成就較大，吸收了許多蒙古族的歌舞，將狩獵和遊牧等傳統生活題材吸收進宮廷隊舞之中，還包括宋朝沒有的宗教舞蹈。演出場面可觀，分為四隊，每隊又包括十個小隊。小型舞蹈也不乏名作，如《十六天魔舞》，可能是娛佛的女子羣舞。元朝宮廷宴樂中的面具舞蹈，至今在蒙古族舞蹈中依然可以見到。

元朝舞蹈俑

北方民族喜歌善舞，入主中原後，他們的歌舞活動仍保持了本民族特色。河南焦作元朝墓葬中出土的一批舞蹈俑，形體粗壯，舞姿健美，服飾舞態均有蒙古族特色。

豪爽民風

② 北國的競技與遊藝

娛樂活動是北方民族生活的重要內容，不僅有源自於本民族、表現崇尚勇武、長於騎射習俗的項目，像蒙古式摔跤、射柳等；而且在與中原地區的長期交往中，原來流行於漢族地區的運動項目，如馬球、圍棋等，開始傳入北方，大大豐富了北方民族的娛樂。

青白釉對弈枕

山中對弈，是中原文人的趣味。

遊牧生活浸染的傳統競技

長期盤馬彎弓的遊牧生活孕育了北方民族剛毅尚武、長於騎射的民風，深受他們喜愛的傳統運動項目，如摔跤、射柳深刻體現了他們的民族性格。

摔跤古稱角抵、相撲。契丹、女真和蒙古人都喜歡摔跤，蒙古人還把摔跤列為男性必習的三種帶有軍事訓練作用的運動之一。元仁宗時期，專門設置了掌管角抵士的機構。中原角抵以互推互搏為特徵，類似今日日本的相撲，明亡之後，中原角抵在中國本土衰亡。北方民族的角抵則是摟腰扳腿，經過清朝的改造，發展為今日的中國式摔跤。

射柳是北方民族進行射技比賽的一種運動形式。遊戲時先將柳條插入場地中，上繫手帕，然後走馬射柳，能射斷柳枝並飛馬過去接在手中為勝。

對弈圖

兩位官員正在棋盤前緊張地廝殺，四位觀棋者有的捧酒，有的執扇，專注地觀察棋局的變化。

那達慕大會場面

“那達慕”為蒙古語，意為“娛樂”、“遊戲”。那達慕大會是蒙古族傳統的節日盛會，會上舉行賽馬、摔跤、射箭、拔河、蒙古象棋等各類傳統比賽。

南地北傳的運動項目

在與中原地區的頻繁交往中，一些中原傳統的運動項目，也逐漸被北方民族接受、喜愛。當時流行於南北的主要有雙陸、馬球、捶丸、蹴鞠、圍棋、競走等。其中圍棋、競走直到今天仍是喜聞樂見的體育項目。

雙陸源於西亞，約在魏晉時期傳入中國。其分為北雙陸和南雙陸，隋唐時北雙陸十分流行。契丹的雙陸是由唐朝傳入的北雙陸，契丹富者“以金、銀、奴婢、羊、馬為博”，貧者“以杯酒勝負”。雙陸在元朝極為風行，參與者還不乏女性。

馬球自唐朝已傳入中國，遼金元三朝盛行不衰。統治者都重視馬球運動強身習武的作用。遼朝為了防止渤海人習武，曾經下令“禁渤海人擊球”；金世宗公開宣稱他打馬球是為了“示天下以習武”，金朝還曾將蹴鞠列為科舉考試項目；元朝宮廷每年都要舉行大型的打馬球活動，並且影響到明朝。

圍棋是契丹人一項主要的娛樂活動，甚至曾經與政治鬥爭聯繫在一起。契丹曾主動向宋挑戰，迫使宋朝要“詔求天下善弈者”來應付。蔡州（治今河南汝南）棋童與遼國女棋手對弈，兩人經過比賽，結為夫妻，更是圍棋史上一段佳話。圍棋在西夏、金、元也很受歡迎，在元朝被當成消遣的最佳工具。

元朝有政府組織的競走比賽，比賽方式類似現代的長跑。通常距離在200里左右，以先到御前叩拜皇帝者為勝。場面頗為激烈，時人賦詩稱選手是“平地風生有翅身”。

遼朝木製雙陸

這是迄今出土的唯一一套完整的雙陸實物。

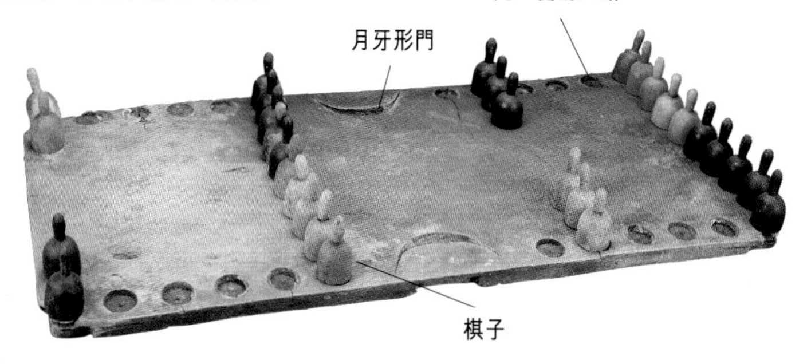

《事林廣記》中的玩雙陸圖

雙陸板上有月牙形的門，門兩側各有六路，故名雙陸。玩雙陸時，對陣雙方分兩色，各執十五子，擲骰行子，左右直行，將子先出盡的一方為勝。

艱難中進步的科學技術

①民族醫藥學的進步

隨着社會生產力的發展，北方民族對醫藥事業也格外留心。他們不但積極吸收兩宋的醫藥科技成就，還根據本民族的情況和北國特有的地理環境，發展自己的醫藥事業，使之成為中國醫藥學寶庫中珍貴的組成部分，有些成果至今還在發揮作用。

北方民族的醫藥學

遼朝醫生治病善用針灸，這可能與契丹滅後晉，大掠中原文物，其中包括針灸銅人等有關。遼朝中期翻譯漢族的《方脈書》，切脈治病的方法隨之而在遼境流佈。遼朝醫生用冰敷退熱治療遼太宗的熱病，是中國冰罨療法之始。金元時期醫學進步的一個顯著標誌，是以金元四大家為代表的醫學理論的發展。

元朝的眼科醫生

元朝行醫人一般都有特殊的記號，如大都城內為小兒看病的醫生在門上用木板刻畫小兒的形象。圖中的眼科醫生在帽子、衣服和醫包上都畫着眼睛。

醫學的分科

元朝十分重視醫學，醫戶有專門的戶籍，各路政府都設立醫學，定期考選。元朝醫學分為大方脈科、小方脈科、眼科、產科兼婦人雜病科、正骨兼金鏃科等十三科，較之宋分九科、金分十科更為先進。

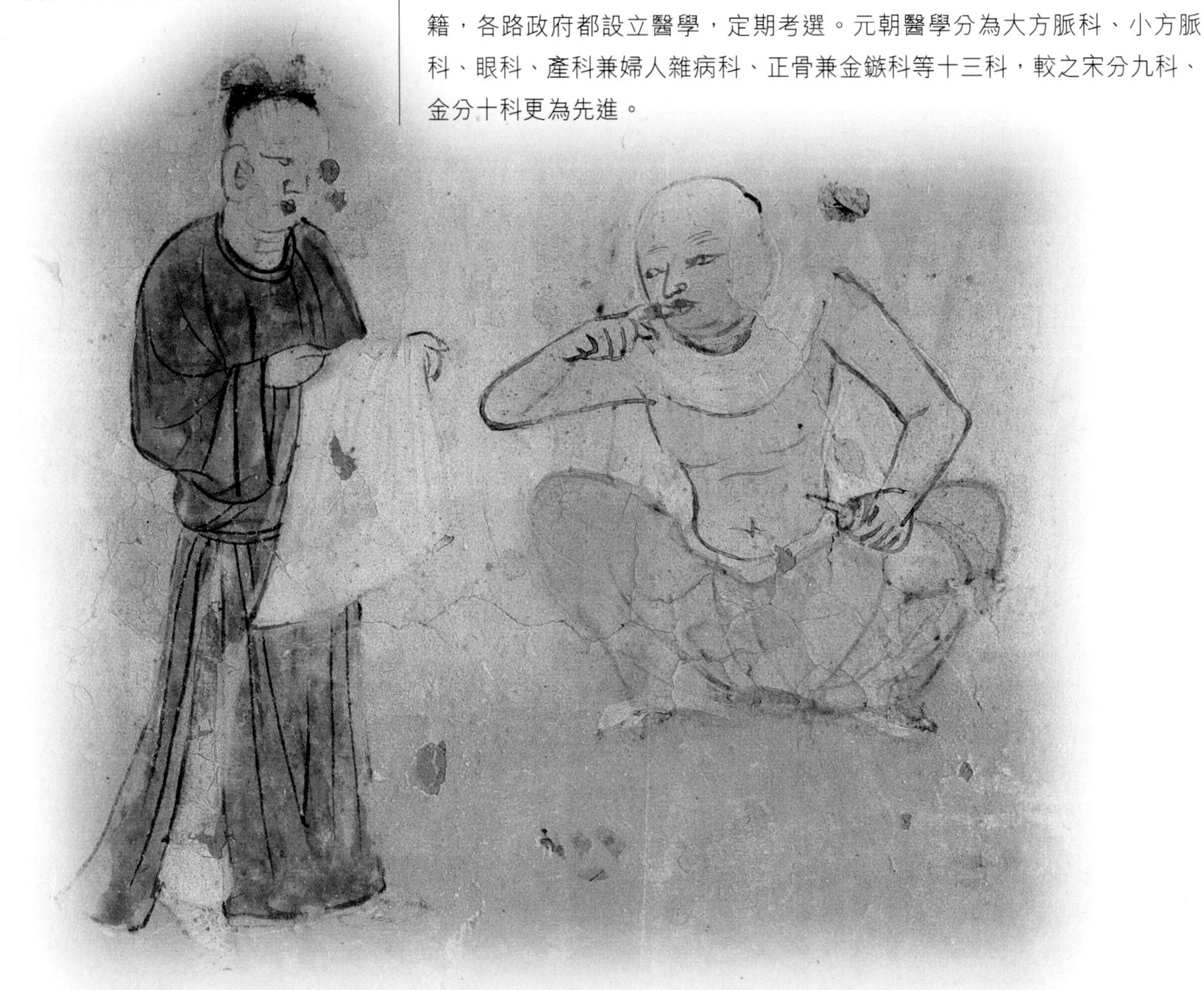

淨齒圖

這是唐朝的淨齒圖，圖中一人正用齒木淨齒。遼墓亦曾出土一把牙刷。

重視醫療保健

北方民族重視醫療保健。其故地曾經出土過遼朝植毛牙刷和刮舌器等保健用具，還出土過西夏金剔指。契丹、黨項、女真都有洗澡等基本的衛生習慣，元朝還有人提倡洗冷水澡。元朝注重養生的理論與實踐，曾任飲膳太醫的回回人忽思慧，寫出了有關飲食營養的專著《飲膳正要》。

金元四大家

劉完素、張從正、李杲和朱震亨是遼夏金元時期著名的醫學理論家，合稱"金元四大家"。

劉完素創立"寒涼派"，治病喜歡用涼劑，以降心火、益腎水為主，對後世的溫病學説頗有啟發。張從正主張治病以汗、吐、下三法為主，排除侵入身體內部的"邪氣"，被稱為"攻邪派"。李杲的主張與張從正相反，認為疾病產生的原因是體內元氣受到損傷，治病應當以補脾胃為主，被稱為"補土派"。朱震亨是第一個將醫學與程朱理學聯繫起來的醫學理論家，他遍究劉、張、李三家之學，主張滋陰降火，而有"養陰派"之説。他們的學說對後世均有重要影響。

歷史小證據

地方醫療事業與三皇廟祭器

三皇廟供奉神農等三位傳説中與醫學關係密切的人物。全寧路(治今內蒙古翁牛特旗)三皇廟銅祭器是元延祐六年(1319)大長公主祥哥剌吉為全寧路三皇廟所造。元朝地方上設立醫學教授，設堂教學，還監督本地行醫的人。每月朔望，本地的醫生在三皇廟相互切磋，將總結交給教授，用以考校優劣。

三皇廟銅祭器

銘文"皇姊大長公主 施財鑄造祭器 永充全寧路三皇廟內用"

西夏醫方抄本

這是目前發現唯一的西夏醫方。醫方上墨書西夏文楷書，主要開具治療傷寒症的配方，並附有煎製服用的方法。

鐵藥碾

漢族傳統的中醫學傳入北土後，廣為北方民族接受。這件遼人用來碾中藥的鐵臼，反映出當時中藥在遼朝境內已相當普及。

艱難中進步的科學技術

② 天文曆法與數理光學

歷代以來，漢族與少數民族統治者都相信天象與人事互相聯繫，非常重視天文曆法。遼金元時期，中外交流頻繁，天文曆法得以進一步發展。這時的數學、光學也達到中國古代的極高水平，取得了世界領先的“天元術”、“四元術”以及小孔成像的研究成果。

曆法的發展

遼朝曆法主要是根據中原曆法修改而成的。金滅宋時，將北宋的天文儀器全部掠走，女真天文學借此得以發展。由於日蝕屢屢不驗，遂修正原有的《大明曆》，新修曆書比宋朝的《紀元曆》還要精確。元朝頒佈了中國歷史上最精確的《授時曆》，它通過一系列新的天文儀器的精密觀測計算，定一年為365.2425日，這與地球繞太陽公轉的時間只相差26秒，與1582年羅馬教皇格利高里頒佈的、迄今依然通用的曆法完全相同，但時間早了三百年。

河北宣化遼墓星象圖

遼墓有不少星象圖，一般繪於墓室頂部，由內二十八宿、外黃道十二宮組成，外圍還佈置了一匝十二時。十二宮的知識來自西域，可能受古巴比倫黃道十二宮的影響。

二十八宿之一

或為雙魚座

河南登封觀星台和石圭

元至元年間（1264～1294）建。平面為正方形，台北正中的石圭方位和子午線方向相同。利用郭守敬創造的“高表”測日影法，可以根據日影在石圭上的長短變化，劃分春分、秋分、夏至、冬至和四季，誤差很小。

投射日光的孔

31.19米長的石圭

天文學的進步

河北宣化遼墓中發現了被稱為“奇觀”的天文圖壁畫，它將中國古代的二十八宿和巴比倫的黃道十二宮合為一體。金朝中下階層墓葬發現的星象圖，說明了天文知識的普及。元朝新天文儀器的發明、《授時曆》的頒佈和緯度測量等，都與科學家郭守敬（1231~1316）密切相關。1279年，郭氏領導了一次規模空前的緯度測量，在從10度到65度緯度範圍內，設立二十七個觀測點，稱“四海測驗”，與緯度值比較，絕大多數平均誤差在半度以內。

阿拉伯數字幻方

陝西西安元安西王府舊址出土。上面有用阿拉伯數碼刻畫出的鐵板六階幻方*，是中外數學交流的實物見證。

數學研究的新進展

金元時期的數學成就，表現在李冶《測圓海鏡》和朱世傑《四元玉鑑》探討的設立未知數、立方程和消元法問題，即天元術*和四元術*。天元術是中國獨特的半符號代數學，其成就超過了同時期代數學最發達的印度和阿拉伯。在歐洲，高次方程組的消元法問題，直到1779年法國數學家別卓才有系統的論述，19世紀才出現完整的消元法理論。

隨着西遼帝國建立和蒙古軍的西征，東西方的數學成果也得到交流。10~15世紀的阿拉伯及東歐數學著作，曾多次介紹“契丹算法”。隨着一些伊斯蘭科學家來華，阿拉伯的數學成果也介紹進來。曆法與數學密切相關，元朝設有回回司天監，中外天文、曆法和數學成就在這裏得以集中交流。

天 日 旦 巽 月 南 坤 山 泛 朱 金 川 東 青 心 西 地 夕 艮 泉 北 乾

《測圓海鏡》的圓城圖式

《測圓海鏡》全書一百七十問，深入探討勾股容圓（已知直角三角形三邊而求內切圓、旁切圓等的直徑）的十種關係，提出六百多條公式。“圓城圖式”是該書第一卷，以天、地、乾、坤等漢字表示點，是一個創舉，類似今天以A、B、C表示。

中世紀最大規模的光學實驗

唐朝人記載過塔的倒影，但將其解釋為“海翻”的結果。宋朝的陸游也記載了塔縮小倒影的實例，但無法解釋，只好説無法用“理”來推論這種現象。宋朝宗室趙友欽對天文、數學、光學都有深入研究，其所著《革象新書》中討論光學的部分，對小孔成像的實驗研究在當時處於世界領先地位。

插上蠟燭的圓板

8尺深的井

4尺深的井

趙友欽的光學成像實驗裝置示意圖

在相鄰的兩個房間的地上，各挖一個直徑4尺餘的圓井，井深分別為4尺和8尺，深井中放置一張4尺高的桌子，做兩塊直徑4尺的圓板，板上密插一千多支蠟燭，放在桌上作為光源。井口分別用中心開孔的板遮住。以樓板為固定像屏。通過改變光源強度、像距、物距、孔的大小和形狀等，探討各因素之間關係的規律。

小辭典

*天元術：即是立某量為天元一，相當於今天的未知量(x)，天元開方式以現代數學觀念解釋，就是含有未知數的一元高次方程。

*四元術：其核心是四元消法，即解高次方程組時，先將四元四式消成三元三式，再消成二元二式，最後化解為一元一式，即高次開方式。

*幻方：即直行、橫行、斜行相加數字相同。

艱難中進步的科學技術

③ 地質勘察與水利設施

地理知識的進步和水利事業的發展，體現了人類認識、改造自然能力的提高。元朝地理學的成就主要體現在黃河河源的考察、地形測量和地圖的繪製三方面。元政府重視水利建設，設有專門機構，負責興修水利、修理河堤等事務。大運河的開鑿、黃河河患的治理、一批水利專家和水利著作的湧現，都是元朝水利建設成果的體現。

都實的黃河源頭考察

忽必烈統一全國後，想在黃河源頭建立一座城市，作為內地和吐蕃通商的場所，使其貢物可以順流東下，直達大都。為此，忽必烈命到過吐蕃三次、對青藏一帶比較了解的女真人都實考察黃河河源。他考察的結果，否定了漢朝以來信守的“伏流重源”説*，指出星宿海是河源，首次明確了河源地區的主支流關係和水文特徵。

朱思本的《輿地圖》

朱思本是正一派道教徒。他酷愛地理學，利用奉詔祭祀天下山川的機會，留意勘察山川之形勢，足迹遍佈今天的十多個省份，根據大量第一手資料，編繪了巨幅《輿地圖》，刊刻在今江西上饒縣龍虎山的石碑上。《輿地圖》以及明朝根據《輿地圖》縮繪成的《廣輿圖》，對後世地圖的製作產生了深遠的影響。

郭守敬的地形測量

郭守敬是元朝著名的天文和水利專家，至元十三年（1276）前後，他主持今河北、山東等地的地形測量，比較幾大水系的高程後，肯定大運河改道南北取直是可行的。至元二十八年，郭守敬又主持了大運河最北一段通惠河的勘測設計。他不僅根據大都的地形地貌解決了通惠河的水源問題，而且按地形地貌變化及水位落差，在運河中設閘壩、斗門，解決了河水的水量和水位，使船隻可以直入京師。通惠河全長160多里，其走向與現代的京密引水渠基本上一致，可見其勘測的精確程度。郭守敬以海面較大都至開封地形高下之差，提出“標高”的概念，是世界上最早的海拔概念，比西方早五六百年。

《農書》中的水排

《農書》中首次對兩千多年來的農田水利和水利機械做了總結性的記載。這是書中記載的水排，是一種利用水力推動的冶鐵裝置。

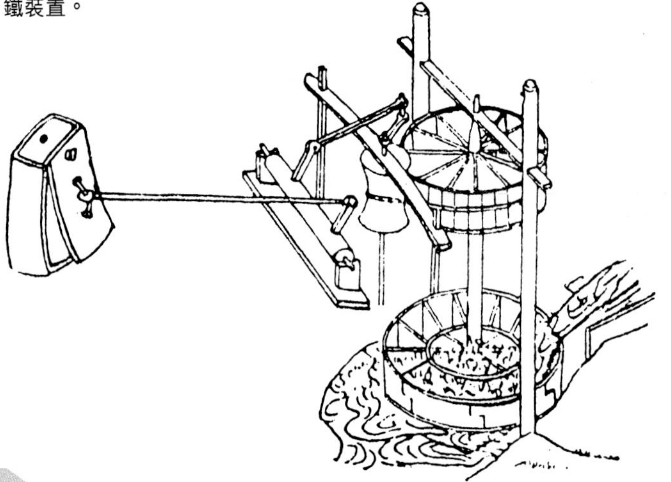

治理黃河

元朝黃河多次決口，洪災之後又往往有大旱和疾疫，給泛濫區的人民帶來深重的苦難，同時威脅運河的航運，因此，元朝十分重視治理黃河。至正十一年（1351），工部尚書賈魯率領軍民封堵黃河決口。堵口工程史無前例地安排在汛期進行，賈魯創造性地將二十七條大船，分三排，每排九隻固定在一起，裝滿大石頭後同時沉入河底，這種石船挑水壩大大減輕了合龍時的壓力，使龍口在極其困難的條件下堵合。

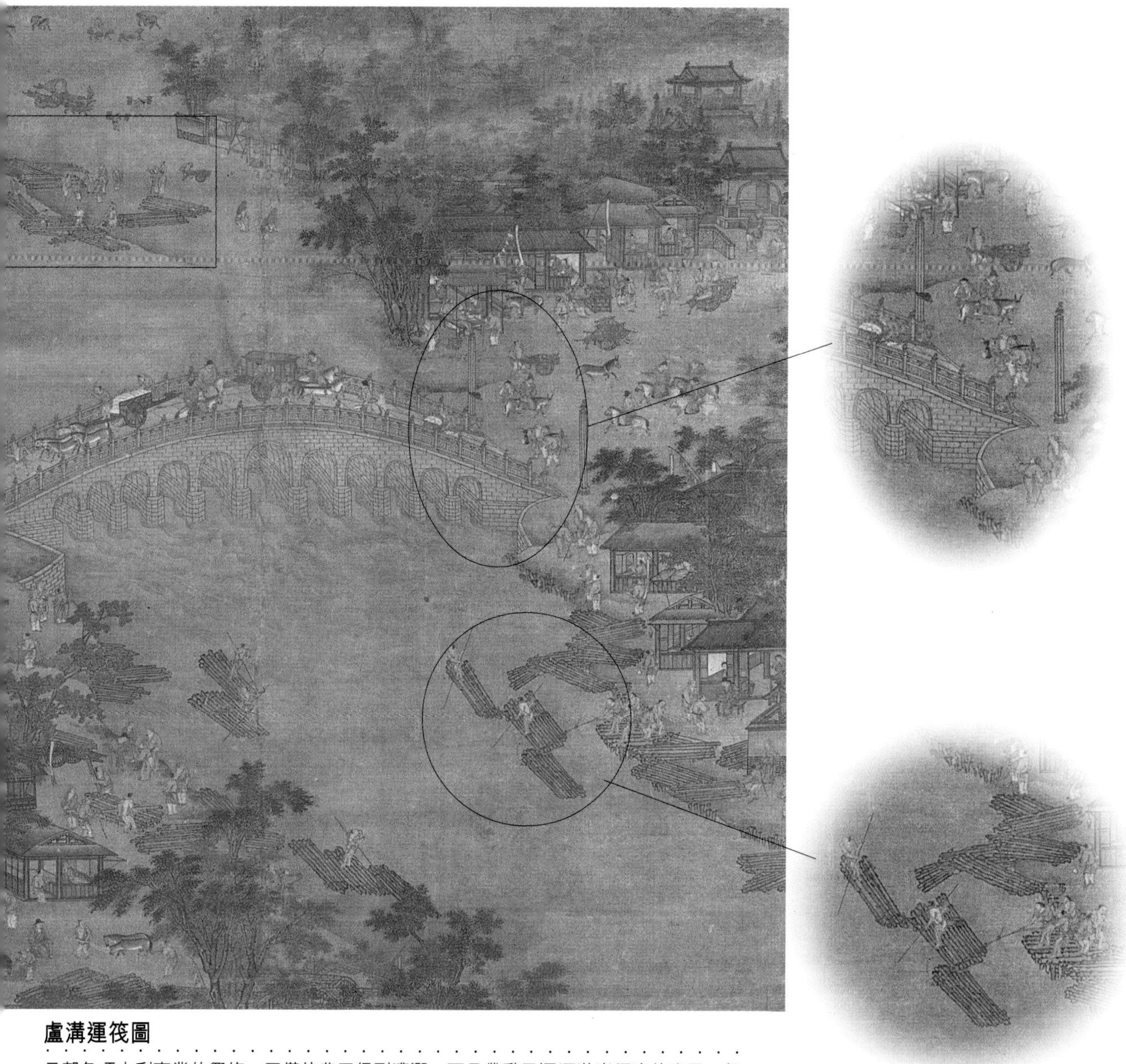

盧溝運筏圖

元朝各項水利事業的興修，不僅使農田得到灌溉，而且帶動了運河沿岸經濟的發展，促進了元朝商業的繁榮。此圖描繪的是元大都盧溝橋一帶的水運場面，河中竹筏或停靠岸邊，或順流而下，表現了元大都水運繁忙的壯觀景象。

元朝黃河圖

小辭典

*“伏流重源”説：西漢張騫支持《山海經》所載黃河源出崑崙山的説法，並論證説發源於葱嶺和崑崙山的河流流入羅布泊後，潛流到地下，再從青海的積石山流出來。

艱難中進步的科學技術

④ 指南針與印刷術

指南針和印刷術是中華民族對人類的偉大貢獻。指南針是海上航行最重要的儀器，在元朝廣泛運用於航海之中，預示着航海新時代的來臨。遼夏金元極重視引進宋朝印刷技術，在列國爭強的局面下，他們的印刷術並不落後於宋，而且不斷有創新，彩色套版印刷和轉輪排字印刷技術是其中最重要的成果。

指南針成為航海的必需

指南針廣受重視表現在兩個方面：第一，指南針廣泛應用於實際生活。如考古發現了很多繪圖水針碗，這些碗都是在普通遺址中發現的。在大力拓展的航海事業上，指南針已經成為不可缺少的工具。第二，因為它重要，人們一直追求改善，新的發明不斷產生。元朝已經研製成支撐式的指南儀器——指南龜，它是世界上第一具支撐式的指南工具。

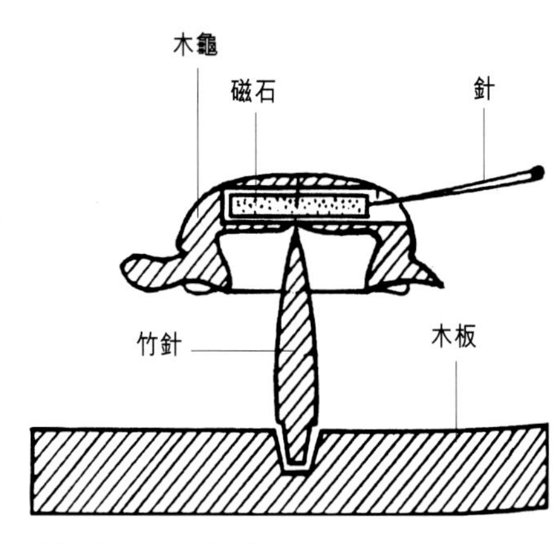

指南龜結構示意圖

用木頭雕成龜的形狀，在中空的腹部嵌入磁體，將木龜放置在竹製的尖柱上，由於地球磁場的作用，木龜的首尾自然指向南北。

古維吾爾木活字

甘肅敦煌莫高窟出土的元朝古維吾爾木活字，是迄今發現最早的木活字。

轉輪排字盤

王禎《農書》中記載了他所發明的轉輪排字印刷技術，他還撰寫了《木活字印書法》。木活字按照音韻分類排列在排字盤上，排字者站在兩個可轉動的排字盤中間，轉動排字盤，依照稿本挑選出所需要的木活字，排於書版之上。印刷完畢之後，將木活字按照原來的位置重新歸放到排字盤上。

針路的記載

元朝已經將指南針用於航海，稱為“定盤針”，利用指南針定向導航，由此發明了“針路”，即由羅盤測定的各個針位連接而成的航線圖。溫州人周達觀在元貞元年（1295）至大德元年（1297）間曾出使真臘（今柬埔寨），他在遊記《真臘風土記》中有針路的記載：“自溫州開洋，行丁未針。歷閩、廣海外諸港口，過七洲洋……又自真蒲行坤申針，過崑崙洋入港。”

熾盛光九曜圖

塗彩木版水印工藝在遼朝已很成熟。

印刷技術受到普遍重視

遼夏金元的統治者不僅從兩宋地區掠奪技術和工匠，還借鑑中原印刷體制，使本民族的文化水平迅速提高。遼太宗大同元年（公元947年）滅後晉之後，從後晉首都汴京（今河南開封市）掠奪了“方技百工、圖籍、曆象”等，甚至把很難運輸的石經也運往上京。遼、金、元同宋朝一樣，刊印了卷帙浩繁的《大藏經》，這種大規模的印刷工程，是印刷業發達的標誌。他們借鑑宋朝的體制，由國子監負責官刻本的出版，地方上則同樣發展私人的印刷事業。出版物內容廣泛，社會對印刷品的需求，是印刷技術得以改進的主要原因。

印刷術的新發明

彩色套版印刷是在同一張紙上可印出不同的顏色。中國現存最早的單版彩色套印的印刷品是金朝的《東方朔偷桃》。彩色套印最初有濃墨、淡墨和淺綠三種色彩，以後逐漸發展為多色多版套印，它的出現豐富了書籍的藝術效果。宋朝畢昇發明的活字印刷技術也迅速為少數民族所吸收，寧夏發現了西夏的活字印刷品，甘肅曾經出土元朝古維吾爾木活字。元朝的活字印刷技術在黏藥和金屬製活字方面都有改進。著名農學家王禎發明的轉輪排字印刷技術則提高了揀排字的效率。

雙色套印的《金剛經注》

中國是世界上最早掌握印刷技術的國家，宋朝開始出現多色套印技術，這部1341年刊《金剛經注》，是現存較早的朱墨雙色套印的印刷品。

遼朝《稱讚大成功德經》刻本

遼政府重視印刷業的發展，在印刷體制、印刷技術上積極向中原學習，而且留下許多精美的印刷品。這件刻本四周單邊框，字體為楷書，排列工整，顯示出較高的印製水平。

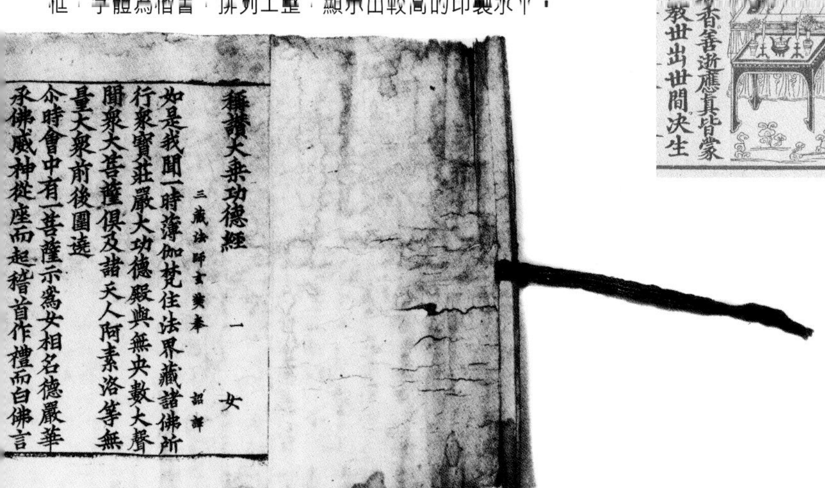

稱讚大乘功德經　一　女

三藏法師玄奘奉　詔譯

如是我聞一時薄伽梵住法界藏諸佛所行衆寶莊嚴大功德殿與無央數大聲聞衆大菩薩俱及諸天人阿素洛等無量大衆前後圍遶

尒時會中有一菩薩示爲女相名德嚴華承佛威神從座而起稽首作禮而白佛言

艱難中進步的科學技術

⑤ 渾厚樸拙的遼朝建築

與中外其他民族一樣，北方民族遺留下來的建築主要是神祠建築，雖然這些建築受到中原傳統建築形式不同程度的影響，但依然可以得到他們的民族喜好、科技成就和文化嬗變等許多信息。同遼朝文化一樣，遼朝建築主要受唐朝的影響，但是也有創新，密簷式塔富有特色，許多建築朝東，是契丹民族“東向拜日”習慣在建築上的體現。

繼承唐朝建築的衣缽

契丹人早期居住的是簡單的“穹廬”，奪取燕雲十六州之後，勢力範圍擴大到今山西、河北北部等漢族居住區，迅速吸收漢文化。遼朝早期的建築保存了許多唐朝建築風格，造型簡樸雄渾，斗栱碩大，出簷深遠，屋頂坡度低緩，細部處理簡潔樸實，雕飾較少。天津薊縣獨樂寺是遼尚父秦王韓匡嗣的家祠，山西應縣佛宮寺塔是遼興宗皇后之父蕭孝穆所建，都是遼朝的官式建築。這兩座建築所用的尺寸均為長29.4厘米的唐尺，高度上都以一層內柱柱高為模數，設計原則與唐朝佛光寺大殿相同，表明它們主要繼承了唐朝的傳統。

天津薊縣獨樂寺觀音閣

觀音閣中有一身高16米的十一面觀音像，是中國現存最大的塑像。觀音像直通上層，所以閣內開有六角形空井以容納像身。

獨樂寺觀音閣側面剖面圖

遼寧義縣奉國寺大雄寶殿

建於遼開泰九年(1020)，造型簡樸雄渾，斗栱碩大，屋頂坡度低緩，具有唐朝建築風格，是遼朝早期建築的代表，也是現存規模最大的遼朝建築。

遼金密簷式塔

密簷式塔是遼金時期的創新，在台基上建造須彌座，上建斗栱和平座，再上以蓮瓣承托較高的塔身，塔身雕刻門窗和佛像等，塔上用斗栱支撐各層密簷，頂部用塔剎作結束。整個塔的造型，主要以上下兩部分的繁密來襯托中部的簡潔塔身，使塔身顯得剛健有力，成為全塔的主體。這類密簷式塔只見於黃河以北到今遼寧、內蒙古一帶。

遼朝建築的發展

遼朝建築的設計雖繼承唐朝風格，但還是有所發展，出現一些重要變化。由於功能上的要求，柱網突破了唐朝建築嚴格對稱的格局，將原來作為佈置佛像空間的內槽後移，前部空間擴大，這些變化無疑是金朝減柱法、移柱法的前奏。山西應縣佛宮寺塔逐層疊加的構造方法，和以中間一層(三層)面寬為塔高之模數的設計方法非常成熟，表明設計時還以面闊為擴大模數，使得設計更為精確。

崇興寺遼雙塔

位於遼寧北寧市。兩塔都是八角形密簷式的磚塔。唐朝經常在寺廟中營建雙塔，遼朝建築雙塔受唐朝的影響，是目前東北地區唯一保存完好的雙塔。

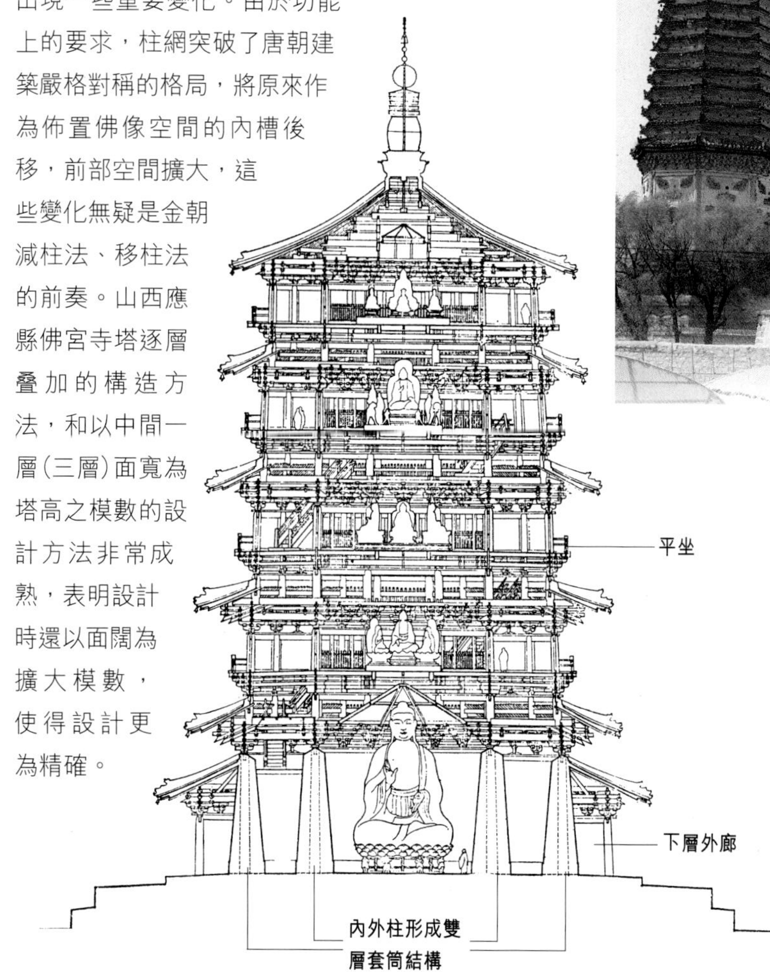

山西應縣佛宮寺塔剖面圖

塔身呈平面八角形，較之唐朝的方形平面更加穩定。同時使用雙層套筒式的平面和結構，等於將中心柱擴大為內環柱，不但擴大了空間，而且大大地加強了塔的剛度。

艱難中進步的科學技術

⑥ 金朝建築與西夏佛塔

金滅北宋以後，大肆掠奪工匠技藝人北還，所以金朝建築外觀趨於精巧華麗，基本上是宋朝的特點，與唐、遼的質樸雄渾明顯有別。金朝建築中減柱法、移柱法的遺物很多，樑架佈置比遼朝建築更適應內部功能的需要，元朝一些地方建築還直接繼承金朝這種靈活處理柱網和結構的傳統。受對外關係影響，西夏文化兼採遼和北宋之長，晚期又與吐蕃接觸，這些史實也可以從現存的西夏佛塔中得到印證。

金朝建築趨於精緻

金朝於天德三年（1151）仿北宋汴京宮殿建造中都宮殿，又於正隆四年（1159）修復汴梁北宋宮殿，所以金朝的官式建築是在北宋官式建築基礎上發展而成的。其形象可以在山西繁峙巖山寺文殊殿壁畫中看到，它的外觀已經趨於精巧華麗。金朝建築柱子普遍加高，屋簷起翹、出翹加大，翼角尖瘦而上舉，屋頂亦趨於陡峻，與遼朝建築開間扁平、屋頂平緩的雄渾外觀明顯不同。

金朝斗栱

這攢斗栱看起來像一串香蕉，可以起到華麗的裝飾效果，但並無多少結構上的意義，實際上是斗栱功能的衰退。

金朝建築的變化

為了適應功能需要，將內部柱子做了一定的調整，減少內柱或者將內柱移位，這些做法在遼朝已經出現，但金朝盛行。內柱的變化使得樑架結構相應調整，在柱上使用大跨度的橫向複樑以承縱向的屋架，成為金朝建築常用的手法。金朝建築因襲北宋，除了外觀趨於精巧華麗，還向繁複的方向發展，並以此相誇耀，相沿成風。在斗栱運用上，大量使用斜栱，有的斜栱密集如香蕉串，並無結構上的意義，所以金朝之後，斜栱便消亡。

山西大同善化寺普賢閣

為大同地區僅存的遼金樓閣建築，樓閣外觀精巧，有宋式建築之風。閣內有木梯，可經平座再達上層。平座周圍繞以木欄。這種結構方式具有遼式建築特點，在宋遼金時期黃河以北地區，佛寺中盛行高塔樓閣，既可觀景又可供瞭望敵情。

西夏佛塔

西夏統治者大力宣揚佛教，建了為數不少的佛教建築，保留至今的主要是佛塔。西夏早期吸收中原地區的文化，元昊“通蕃漢文字”，也曉佛學，曾向宋朝求九經、大藏經，興修寺塔，所以寧夏銀川承天寺塔等八角樓閣式西夏佛塔原型來自北宋。西夏與多承唐朝制度的遼朝的關係，遠遠超過與宋朝的關係，因此在西夏佛塔中可以看到源自唐朝的單層佛塔類型。攻佔河西走廊之後，藏傳佛教傳入，所以西夏佛塔中出現了喇嘛塔的藏傳佛教建築的類型。

甘肅張掖大佛寺大佛殿

大佛寺建於西夏崇宗永安元年（1098），大佛殿是寺內主體建築，進深七間，為兩層樓結構，重簷歇山頂用青瓦覆蓋。

西夏淨土寺院圖

西夏木緣塔

這件木製仿真小佛塔，分座、身、頂、剎四部分，塔座呈八角形，塔身上部還繪有斗栱圖案。木塔造型是典型西夏佛塔樣式。

遼朝建築經典——善化寺大雄寶殿

善化寺平面圖

善化寺佔地約1.4萬平方米。整個寺院建築高低錯落，主次分明，建築物中以大雄寶殿的規模最大。

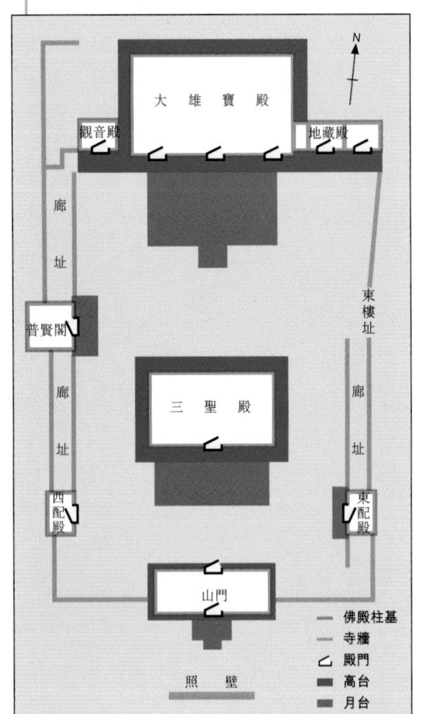

五代時期，石敬瑭在契丹貴族扶持下建立後晉，並將今北京和山西大同為中心的燕雲十六州割讓給契丹。宋遼金對峙時期，大同先後是遼金兩朝五京之一的西京大同府所在地，文化發展深受中原和北方少數民族的影響，至今仍保留了許多遼金時期的文化遺存。

善化寺位於今山西大同市，是中國迄今保存最完整、規模最大的遼金寺院。善化寺始建於唐開元年間，名開元寺，五代時改名為大普恩寺。遼時毀於大火，金天會六年(1128)重修，明朝始更今名。現寺內主要的建築除大雄寶殿為遼朝遺構、金朝重修外，其餘皆為金朝重建。大雄寶殿為典型遼式建築，與山西應縣佛宮寺塔、大同華嚴寺薄伽教藏殿藏經壁櫥同為遼朝建築的經典之作。

大雄寶殿

建於3米高的殿台上，殿面寬七間，進深五間，單簷五脊式屋頂。大雄寶殿是典型遼朝建築，特別是殿內外簷斗栱更是典型的遼式風格。

大雄寶殿內五方佛

大雄寶殿內的蓮台上塑有五尊坐佛，佛像兩旁立有諸菩薩，殿內東西兩壁前的磚台上，立有二十四身護法天神。五尊主佛和兩旁侍立弟子及脅侍菩薩是遼朝作品，兩側的護法天神則是金朝晚期塑像精品，大膽突破了宗教塑像的傳統規範，創造了富有人間情味的天神形象。

大雄寶殿轉角斗栱

這組轉角斗栱結構複雜，出跳多，是承托寬大屋簷的必不可少的建築構件。

菩薩像

艱難中進步的科學技術

⑦ 多元化的元朝建築

元朝建築處於向明朝過渡的重要階段。元朝木構建築有南北方的明顯差異，元滅南宋較晚，且對南方採取歧視和高壓政策，所以南宋官式手法只能轉化為地方傳統在江浙地區流傳。元朝北方建築則有官式與地方手法的區分，地區之間還各有差異。元朝官式建築繼承自金，是在10世紀以來北方建築傳統基礎上發展而來。同時，蒙古統治者建立了一個龐大的帝國，建築上也表現出多元化的特徵，少數民族的建築豐富了中國古代建築的內涵。

各有特色的元朝地方建築

元朝的地方建築各有特色，今山西、河南多用原木做樑及內額，房屋構架靈活；陝西和西北的建築則多使用簷額、綽幕和內額，顯現出西北特有的敦厚質樸和古老的檩架結構的蛻變遺迹；南方的建築則延續南宋特點，構架整齊，風格秀麗。

少數民族建築

作為一個統一的空前規模的多民族國家，元朝少數民族頻繁與內地交往，許多地區都有少數民族活動的足迹，他們的建築形式也因此得以在內地表現。其中尤其顯著的是藏傳佛教和伊斯蘭教建築。藏傳佛教有北京妙應寺白塔等一批有氣勢的建築流傳至今。大批信奉伊斯蘭教的中亞、西亞人來到中國，估計人口達二百萬之多，他們修建了大量清真寺，僅大都一地就有三十五座。在內地建造的清真寺常與中國傳統的建築形式結合，與邊疆地區的清真寺形成了不同的建築體系。

元佚名青山畫閣圖軸

畫中細膩地刻畫出青山之中，重樓殿閣精巧秀麗，結構嚴謹工整的建築風貌，反映出元朝江南地區的建築特色。

山西芮城永樂宮三清殿

永樂宮是全真道教的重要據點。蒙古中統三年(1262)，為蒙古帝王祝願長壽而建。大殿三清殿立面各部分比例和諧，穩重而清秀，仍然保持了宋朝建築結構規整有序的特點，與地方建築有明顯差別。

元朝名剎龍泉寺

該寺位於今內蒙古赤峯市，依山而建，建築佈局有草原地區與中原建築風格相融合的特徵，是著名的訪尋元朝勝迹之地。

山西洪洞廣勝寺下寺全景

廣勝寺建於高山之上，是元朝重修、重建的重要佛教寺院之一，寺內現存元朝木結構建築多座，構造特殊，反映了當時建築的不同形式。廣勝寺下寺內主要為元朝建築。

世界性的宗教兼容

①世界宗教集中亮相

北方民族信仰薩滿教的泛神崇拜，因此，遼夏金元各朝對各種宗教兼容並包。多種宗教並存，使不同民族、不同階層的人逾越政治、經濟上的對立，和平共處，宗教成為維繫各民族關係的共同心理基礎。宋遼金時期民族矛盾尖銳、戰爭頻繁，但並沒有導致國家的長久分裂，而是邁向了元明清更大、更高層次的大一統，與這種各民族認同的心理基礎有密切關係。

北方民族的泛神信仰——薩滿教

薩滿教是許多北方民族原始信仰的宗教，其巫師被稱為"薩滿"。12世紀中葉，漢族文獻中已經記載了女真人的"珊蠻"教。這種宗教以祖先崇拜為中心，崇信萬物有靈的觀念。薩滿教沒有成文的經典，也沒有寺廟和統一的宗教儀規，盛行祭祀禳祓儀式，儀式中伴有帶宗教含義的舞蹈。

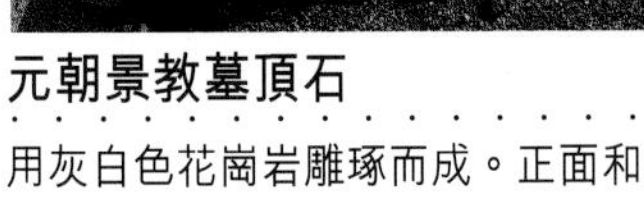

元朝景教墓頂石

用灰白色花崗岩雕琢而成。正面和側面各陰刻一"十"字架，背面陰刻一行古敘利亞文。唐朝傳入的基督教聶斯脱里派(被稱為"景教")，到唐朝末年在中原已湮沒無聞，但在西北地區以及蒙古、中亞，依然流行。

三教合一的時代思潮

佛教傳入中國後，儒、釋、道三教就衝突不斷。但是，三教也都有輔助王權的社會功效，因此，一直為統治者所用。到宋金時期，儒、釋、道三教已經從宗教功能的相互補充，提高到哲學理論的融合，道教被後世稱為"新道教"，儒學發展到理學的新階段；三教合一成為宋遼金時期的時代思潮。道教的全真教創立之初，最初創立的五個會社都以三教為名，而不獨樹道教一幟。其實，這種會通三教的思想，在佛、儒兩家同樣也有，只是側重點有所不同而已。佛教著名僧人萬松行秀的"以儒治國，以佛治心"，在社會上就相當流行。

契丹女神金像

女神端坐於蓮台上，頭戴花冠，背後飾三個背光，神秘而富麗，是契丹人融合薩滿教與佛教，並運用西方金銀加工手法製成的。

外來宗教流行蒙元帝國

由於蒙古西征和東西方交通的開闢，伊斯蘭教、猶太教、基督教等外來宗教在元朝都流行中國。猶太人至遲在唐朝已經來到中國。元朝大批擅長經商的猶太人再次來華，猶太教隨之傳播。在皇帝的詔書中，猶太教與佛、道、基督、伊斯蘭教等並列。但猶太教主要在猶太人中間傳播，不為一般的中國人所知，故文獻中有誤將猶太教堂稱為"清真寺"的。

元朝再次入華的基督教有兩個教派，一是聶斯脱里派（即景教），一是羅馬的天主教派，蒙語統稱為“也里可溫”（意思是“信奉福音的人”）或“十字教”。早期許多蒙古部落，如與成吉思汗家族聯姻的克烈部和汪古部都信奉景教，來自克烈部的忽必烈生母就是一位虔誠的景教徒。對蒙古人有重要影響的維吾爾人，當時也信仰景教，蒙古人最初用的維吾爾文，景教徒基木上都認識。因此，蒙古汗廷有相當的景教氣氛。至順元年（1330），全國的景教徒已經有三萬人，僅鎮江一地，就有八座教堂。

福建泉州摩尼教遺址

創立於波斯（今伊朗）的摩尼教，公元7世紀傳入中國，也叫明教，曾產生很大的影響。位於福建泉州的摩尼教草庵是中國目前僅存的摩尼教遺址。

摩尼光佛像

這尊雕像在福建泉州摩尼教草庵出土，背雕毫光四射紋飾，經上稱為“摩尼光佛”。

蒙古僧帽

內蒙古地區出土，是佛教在草原上流行的反映。

燃燈佛授記圖卷

世界性的宗教兼容

② 伊斯蘭教與回族

可能蒙古人從來沒有想過，他們的宗教寬容政策加上掠奪性的西征，為中華民族留下深刻的印記：中華民族大家庭從此多了一個新成員——回族，並對元朝社會經濟文化產生重要影響。在現代中國，回族仍與漢、滿、蒙、藏並列為中國五大民族。

回族的形成

"回回"一詞在北宋時期已經出現，是"回鶻"的音轉或俗寫，最早是指葱嶺以西信仰伊斯蘭教的回鶻人。蒙古西征攻陷了大片穆斯林土地，穆斯林或降或被俘，大批東遷，被組成"西域親軍"，駐紮在全國各地，與當地人通婚，"元時回回遍天下"，他們是新形成的回族的主體。而或入仕元朝、或來華經商，以及伴隨着海上絲綢之路的昌盛來華的穆斯林，則是元朝回回人的另一個來源。與唐宋時期的穆斯林相比，元朝的穆斯林不再被視為外國僑民；他們的分佈不再局限在東南沿海的通商口岸，而是遍佈全國各地；回回是元朝色目人的主要組成部分，地位高於漢人，他們善於經商，而且文化水平較高，對於元朝的立國和中西交通的開拓，以及軍事、政治、經濟諸方面的發展都有很大的影響。

元朝回民的分佈

元朝回回人已經形成了"大分散、小聚居，西北相對集中"的分佈局面。元朝西北的河隴地區，由安西王統轄，該區正當絲綢之路要衝，因而這一帶的回回人很多，蒙古宗王也有受其影響而崇信伊斯蘭教的。阿難答襲封安

河隴地區的伊斯蘭教徒

元朝時，伊斯蘭教開始在今甘肅地區流行，當時管轄該地的蒙古王族篤信伊斯蘭教，伊斯蘭教得以廣泛傳播。這是今天河隴地區伊斯蘭信徒朝拜的情景。

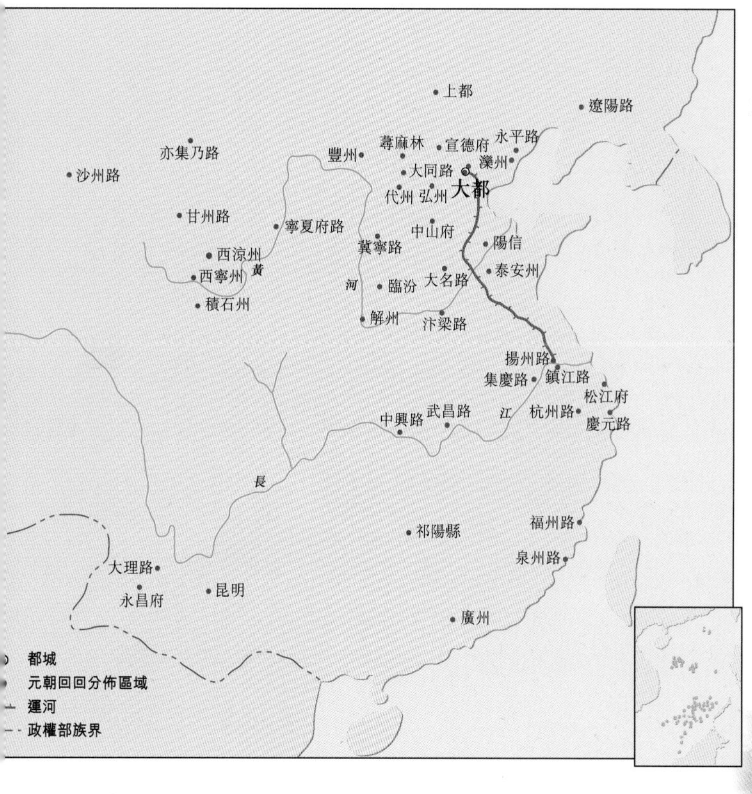

元朝回回分佈區域

元朝回回的分佈已經遍及全國大部分地區，他們“大分散、小聚居”的特點一直保存到今天。

西王的二十八年中，在其轄地傳播伊斯蘭教，所部十五萬人大部分受其影響而改信伊斯蘭教。江南也是回回人“小聚居”的主要地域，在非漢族僑寓戶中，回回戶最多，每六十五戶中有一戶是回回，遠遠高於蒙古戶。

堅定的宗教信仰

元朝的回回人並沒有因為來到新的環境而放棄伊斯蘭教，他們宗教信仰的堅定，令當時來華的西方傳教士驚嘆。回回人在中國各地建造了很多清真寺。元大都中的回回佔總人數的十分之一，城內的清真寺達三十五座，目前北京最著名的清真寺都始建於元朝。在蒙古早期的政治中心漠北的和林城（今蒙古國厄爾得尼召北）中，有一個城區專門居住回回人，有兩座清真寺。由於回族與伊斯蘭教關係密切，國人曾習稱伊斯蘭教為“回教”。

陝西西安清真寺碑刻

陝西西安清真寺

世界性的宗教兼容

③ 佛教在北方民族中的傳播

佛教是遼、西夏、金、元這四朝主要的宗教信仰，影響及於社會生活的諸多方面。在佔領了原本信仰佛教的地區之後，佛教最先為北方民族的皇室接受，成為他們的精神寄託和實行統治的有效手段。由於佛教信仰的來源以及民族喜好的不同，各個王朝流行不同的佛教宗派。佛教有助於統治，但過度的崇佛政策，也是導致這些王朝衰亡的重要原因之一。

以佛教協助統治

北方民族在建國前，各部落之間互不統屬，糾紛不斷。隨着王權的建立，客觀上需要一種統一的思想以維護王權統治。佛教佛祖凌駕於眾神之上的觀念，正迎合建立皇權的需要，因此，佛教受到北方民族的統治者歡迎，並與政治有密切的關係。如元朝以前，吐蕃完全獨立於中央政府之外，帝師制度開西藏地方政教合一體制的先河，肯定了中央政府有在西藏設官任職的權利，帝師名義上享有高於皇帝的地位，實際上依然是皇帝任命的一個特殊官吏。

歡喜佛圖

藏傳佛教深受元朝皇室的崇奉。歡喜佛是藏傳佛教密宗的本尊之一，其形象為男女裸身擁抱狀，傳為修無上瑜伽密之動作，乃入定之勢。

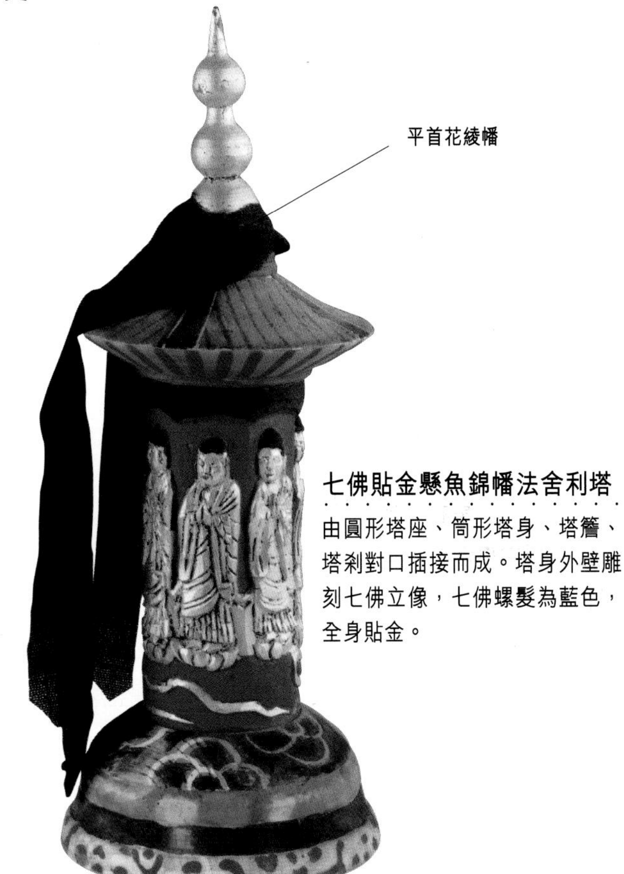

七佛貼金懸魚錦幡法舍利塔

由圓形塔座、筒形塔身、塔簷、塔剎對口插接而成。塔身外壁雕刻七佛立像，七佛螺髮為藍色，全身貼金。

遼朝石雕觀音像

遼朝觀音信仰盛行，所造觀音像多藝術珍品。

皇室與佛教

佛教在北方民族中的傳播，直接與帝王的提倡有關。遼興宗時，僧人任三公、三師，並兼任政事者多達二十餘人；西夏的佛教地位近乎國教；元自忽必烈之後，每位皇帝都從帝師灌頂受戒。相比之下，金朝的佛教要弱得多，因為女真統治者總結過度崇佛導致遼朝滅亡的教訓，以史為鑑，對佛教採取了有節制的信仰。

佛教宗派

遼朝文化主要繼承自唐，又佔領了華嚴宗的傳教中心五台山，所以重視理論的華嚴宗在遼朝盛行，出現許多造詣高深的華嚴宗學者。西夏早期也以華嚴宗為主，曾依據五台山的寺廟樣式在賀蘭山中建寺；西夏中晚期，影響較大的則是藏傳佛教。金朝文化主要繼承自宋，宋朝一枝獨秀的禪宗在金朝最受歡迎。元朝皇室崇奉藏傳佛教，大部分地區則仍然延續宋朝的傳統，盛行禪宗。遼、西夏、元三個王朝都盛行密宗，講究修功德、做佛事，這與遊牧民族質樸無華、追求實際利益的特點有關。

佞佛之風與王朝興衰

遼朝大興佛教，國家對出家毫無限制，道宗曾經“一歲而飯僧三十六萬，一日而祝髮三千”，佞佛之風嚴重影響國家的財政收入，國力大衰，說“遼以釋廢”是有一定道理的。元朝統治者對佛事活動也極感興趣，耗費了很多社會財富，導致了朝廷財政狀況的惡化。

遼貴族婦女寫經壁畫

《妙法蓮華經》

《妙法蓮華經》是最受佛教徒歡迎的大乘佛典之一，將經文織成刺繡，更顯出信徒對經典的珍視。

華嚴寺與遼大藏經

華嚴寺位於遼五京的西京(今山西大同市)，寺中現存遼朝的大雄寶殿和薄伽教藏殿。寺廟及主要建築都東向，是契丹人"東向拜日"故俗的反映。

華嚴寺的薄伽教藏殿內，沿牆排列藏經的壁櫥三十八間，稱為"天宮壁藏"。據金朝的華嚴寺碑刻，華嚴寺曾收藏遼的大藏經——《契丹藏》。選在華嚴寺藏《契丹藏》，估計因大同是遼西京所在。

薄伽教藏殿內景

薄伽，梵語意為"世尊"。教藏殿建於遼重熙七年(1038)。教藏殿內的塑像、壁藏、平綦和斗八藻井都是珍貴的遼朝遺物。殿內共有二十九身遼朝塑像，分別為表現過去、現在和未來諸佛及十方菩薩、羅漢等。

大藏經是漢文佛教典籍的總稱，自隋開始，即有總集佛經、藏之秘閣的做法。刊刻大藏經是由國家組織的對佛教經籍的大規模整理，對於保存佛教經籍、傳播佛學有重要作用。遼朝大藏經的刊刻，直接的原因是因為遼得到了宋《開寶藏》的蜀版。遼為了表示文化上毫不遜色於宋，組織了大批僧侶刊刻大藏經，並盡量補充宋版所缺的寫本。全藏於興宗重熙元年(1032)開始雕刻，用

華嚴寺全景

華嚴寺是中國現存規模較大、保存完整的遼金寺院建築。明朝開始分為上、下兩寺，上寺以大雄寶殿為主，下寺以薄伽教藏殿為中心。

了三十多年完成，共五百七十九帙，刊成後曾賜贈高麗。遼藏底本優秀，校核精當，是中國第二部完整的大藏經。

如此巨帙的木刻叢書，從選木料、紙料、防蛀，到書寫、雕印、裝裱，都需要大批能工巧匠。《契丹藏》刻於遼南京——燕京。燕京所處的燕雲十六州是契丹南下經略中原取得的重要土地，集中了不少漢族能工巧匠，燕京經濟文化冠絕北方，是當時雕版印刷的中心。

《契丹藏》在金元兩朝不斷散佚，又不斷用新藏補齊，最後依然散失，世間沒有傳本，被稱為虛幻的大藏經。

千字文序號

山西應縣佛宮寺塔遼藏《契丹藏》經卷

藏經卷以千字文的次序為帙號。

教藏殿菩薩像

菩薩也分等級，教藏殿內的菩薩多為立像，大多神情溫婉，體態自然柔和。

教藏殿菩薩像

草原佛教的見證——遼慶州白塔

遼朝統治者崇信佛教，自太祖以後歷久不衰。百餘年間，契丹皇室貴族耗費巨資，建造了大量的佛教建築。當時佛塔遍佈草原，成為遼朝腹地一道壯麗的風景線。今天聳立在大遼故壤上的各式佛塔，經歷了千百年的風雨滄桑之後，依舊頑強地向後人訴説着遼朝佛教的盛況。

位於今內蒙古赤峯市巴林右旗的遼慶州釋迦如來舍利塔，是章聖皇太后在重熙十八年(1049)建造的。崇尚白色的契丹人將塔的外表塗為白色，所以又被稱為“白塔”。塔為磚木結構樓閣式建築，八角七級，總高達73.27米。這樣一座高聳入雲的宏偉建

慶州白塔天宮清理現場

在佛教盛行的遼朝，善男信女將對佛的供奉和經文獻給寺院，多被藏於佛塔的天宮和地宮內。在對慶州白塔天宮的發掘整理中，就發現了舍利塔、經文等大量精美文物。

慶州白塔

為磚木結構的七級樓閣式建築，比例勻稱，是遼朝仿木構磚塔的代表作。塔身鑲嵌浮雕的樂舞宴飲磚刻，為遼塔所僅見。在塔內的天宮和地宮，發掘出土了許多重要佛教文物。

築，僅用兩年便建造完成。這種速度，除了與它修建於遼朝國力鼎盛時期有關外，還在於它是在皇室的直接控制之下，調動了許多文武官員、大批軍隊士兵參與修建的大型官方營造工程，堪稱遼朝上下佞佛的代表作之一。塔的天宮內珍藏着眾多的精美文物，包括佛像、多種形制的舍利塔、各種形式的佛經、異常珍貴的絲織品，以及瓷器、銀器等，數量多達百餘件。其中放置陀羅尼經的小塔，更是遼朝盛行密宗的見證。這些文物的發掘整理，對於了解和研究草原地區佛教流傳及遼朝佛教的發展具有重要的歷史價值。

《大般若波羅蜜多心經》寫本

出土於塔頂天宮內

雙手高擎兩隻海東青

釋迦涅槃石雕像

慶州白塔為舍利塔，塔內供奉釋迦佛涅槃像和象徵佛骨的舍利塔。釋迦佛涅槃像為漢白玉圓雕作品，刻工精美。

紅羅地聯珠人物繡經袱

這件藏於白塔內的經袱正面為紅羅，背面用白絹作夾層。經袱正面繡有一個騎馬駕鷹的契丹人，極具民族風格。精美的造工反映出遼朝紡織業的發達。

世界性的宗教兼容

④ 藏傳佛教的興起

喇嘛*是一般人對藏傳佛教僧人的統稱，進而又稱藏傳佛教為喇嘛教。藏傳佛教是佛教與西藏地區原有宗教相結合的產物，崇尚秘密法術。元朝由於蒙藏兩族交往密切，藏傳佛教在朝廷裏受到尊崇，薩迦派*的法主被尊為帝師。藏傳佛教在全國傳播，加強了中央與西藏之間的關係，鞏固了藏族的統一。

西藏特色的密宗——藏傳佛教

西藏很早就有在原始自然崇拜的基礎上形成的苯教，吐蕃王朝中期，佛教由中原和印度、尼泊爾傳入，並與苯教長期爭鬥，甚至涉及王權之爭。佛教伴隨着吐蕃王朝的覆滅而一度中衰，密宗教派由於秘密傳播而法脈得以延續。再次興起的佛教以密宗為“聖教之精髓”，吸收了許多苯教的神祇，並因師承、典籍、教義等的諸多差異而形成許多教派。藏傳佛教修習的經典和組織形式都與漢族地區流行的佛教不同，特別是許多苯教神祇的加入，使得佛教中原有的佛、菩薩、護法神像增多，種類多達千種。

“曬大佛”活動

藏傳佛教特有的宗教儀式，是將藏傳佛教的唐卡(卷軸佛像)放在戶外，供信徒參拜。唐卡一般在室內供奉，只有在隆重的場合或特別的日子才會在室外展出。

元大都大聖壽萬安寺白塔

建於元世祖至元八年(1271)，即現在的北京妙應寺白塔。通高50.9米，是中國最早最大的藏式佛塔。由尼波羅(今尼泊爾)工匠阿尼哥總理其役。至元十六年(1279)，以塔為中心建造大聖壽萬安寺，成為元朝皇室貴族佛事活動的中心，也是最早翻譯蒙文、畏兀兒文佛經的地方。

仰覆蓮座

疊澀“亞”字形須彌座塔基

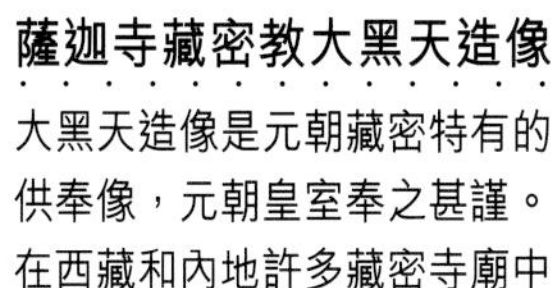

薩迦寺藏密教大黑天造像

大黑天造像是元朝藏密特有的供奉像，元朝皇室奉之甚謹。在西藏和內地許多藏密寺廟中都供有大黑天像。

大幻金剛變化身形

主尊大幻金剛

空行母

元朝大幻金剛壇城

大幻金剛壇城是密宗修行時必備的。呈四臂的憤怒相，手持弓箭，並擁抱空行母。空行母也一手持弓箭。這是按照印度密宗儀軌繪製的壇城五方圖。

西藏佛教歸附蒙古

在蒙古擴張過程中，窩闊台汗的兒子闊端受命南下攻伐，其軍隊曾經深入西藏。入藏將領回來後向闊端建議任命宗教領袖來管理西藏，闊端接受了這個建議。乃馬真后三年(1244)，駐守涼州(治今甘肅武威)的闊端寫信邀請西藏佛教薩迦派教主薩班。貴由汗元年(1246)八月薩班與兩個侄子八思巴和恰那多吉抵達涼州。次年，闊端和薩班會面，會談後薩班在著名的《薩迦班智達致蕃人書》中，號召西藏僧俗歸附蒙古。八思巴後來成為元朝的第一代帝師，恰那多吉娶蒙古公主為妻，被封為白蘭王。蒙古大汗對宗教一直採取兼容並蓄的政策，對西藏的順利歸附表示歡迎，從此，蒙藏兩族開始了頻繁而密切的交往。

藏傳佛教的影響

在自然環境嚴酷的青藏高原，寺廟可以説是代表整個社會最高文化水準的地方。寺廟既是宗教活動的中心，又具有多種其他社會職能，甚至可以行使政府機構的權力。它成為西藏虔誠的信仰者生活中很重要的部分。由於元明清三朝中央政府的提倡和支持，藏傳佛教一直得到發展。目前，藏傳佛教在中國的藏、蒙、土、裕固、納西等少數民族地區以及尼泊爾、錫金、不丹、蒙古等國的一些地區廣泛流傳。

小辭典

***喇嘛：**是藏語的音譯，意思是上師、教師。一般僧人在藏語中稱為扎巴，只有地位尊崇、學識深厚的僧人才稱為喇嘛。藏族認為“無喇嘛上師，何以近佛”。但漢族通常統稱蒙藏僧人為喇嘛。

***薩迦派：**當時藏傳佛教內部存在薩迦、噶舉、寧瑪、噶當、格魯諸派，薩迦派是其中影響最大的一派。

世界性的宗教兼容

⑤大元帝師八思巴

佛教在遼夏金元王朝流行，一些高僧社會地位顯赫，大元帝國的統治者更創立了獨特的帝師制度，給予薩迦派的法主至高無上的地位，八思巴就是其中的代表者。這種現象，除了出於人類對宗教的需要外，更重要的是，宗教領袖具有世俗統治者所無法替代的心理上的凝聚作用。

“皇天之下，一人之上”的帝師

帝師是元朝皇帝從吐蕃請來喇嘛充當的一種最高的神職。從忽必烈起，累朝皇帝都供奉帝師。元朝帝師都是薩迦派的教主，第一位帝師八思巴是薩迦派的第五祖。蒙哥汗二年（1252），忽必烈出征雲南途中，八思巴覲見於六盤山，即深得忽必烈賞識。中統元年（1260）忽必烈稱帝之後，立即封八思巴為帝師，授以玉印，稱其為“皇天之下，一人之上”，意思是比皇帝還要神聖。元朝皇帝給予帝師的待遇優渥，朝會時，給帝師設有專座；帝師往來於大都和吐蕃間，沿途都要隆重接送。至於皇帝給予的賞賜，更是難以計量，忽必烈僅第一次灌頂所獻的供養為十三個萬戶，每個萬戶有寺廟部眾四千戶，世俗百姓六千戶。

印文

帝師的職責

帝師的主要職責有兩個，一個是為皇帝傳授佛戒，舉行灌頂等宗教儀式，忽必烈之後，每位皇帝必須先從帝師受戒，方能登基；二是統領宣政院，宣政院掌管全國佛教事務，統轄西藏地區。這樣，帝師既是全國僧人的最高統領，也是西藏地方的行政領袖。帝師之命，與皇帝的詔敕並行於西土。作為回報，元朝皇帝給予了薩迦派在西藏各教派中的領導地位。中央政府通過宗教的力量成功地加強了對西藏地區的治理。

大元帝師統領諸國僧尼中興釋教之印

在元朝，帝師是全國僧人的最高統領，此印為元朝帝師所受玉印，所刻文字為八思巴文。

八思巴見忽必烈壁畫

此壁畫展現了元朝初年八思巴覲見忽必烈的情景。

元朝帝師的傑出代表 —— 八思巴

八思巴對佛法和吐蕃歷史的豐富知識，大獲忽必烈讚賞。蒙哥汗八年(1258)，佛道兩家在忽必烈的府邸進行辯論，八思巴作為主辯，為駁倒道家立下大功。在蒙古汗廷內部的傾軋中，他堅決站在忽必烈一方，這也為後來薩迦派取得崇高的地位打下了基礎。至元六年(1269)他創製蒙古新字，忽必烈下詔頒行全國，對於提高多民族的文化素質起到了重要作用。至元十三年(1276)，八思巴在皇太子真金等人的護送下返回薩迦，自任薩迦法王，僧俗並用，軍民兼攝，是為薩迦派在西藏實行政教合一之始。同時，帝師作為全國佛教的最高領袖，其法旨也通行於內地各寺院，帝師的存在使佛教獲得了高於其他宗教的地位。八思巴一生，不但把西藏的建築技術、雕塑藝術和大量的佛教典籍傳入內地和蒙古地區，還把內地的印刷術、戲劇藝術等傳入西藏，促進了民族間和地區間的文化交流。

薩迦寺

位於西藏日喀則市，由薩迦派的創始人建造，薩迦派即以此寺為名。元朝第一代帝師八思巴就是在這裏對西藏實行政教合一的統治，並統領全國佛教事務。薩迦派寺院多以紅、白、藍三色裝飾牆壁(紅色代表文殊、白色代表觀音、藍色代表金剛)，又被稱為“花教”。

元朝藏傳佛教的主要宗派一覽表

名稱	創始人	創派時間	標誌	主要寺廟
寧瑪派	蓮花生	8世紀後半期	戴紅僧帽，俗稱紅教	敏珠林寺
噶當派	仲敦巴	1056年	無特殊標誌	熱振寺
薩迦派	貢卻傑布	1073年	寺院牆上塗紅白藍三色，俗稱花教	薩迦寺
噶舉派	瑪爾巴	1121年	白色僧服，俗稱白教	崗波寺

世界性的宗教兼容

⑥ 民衆的新道教

金朝早期，黃河以北地區接連興起了太一道、大道教（入元後改稱真大道）和全真教。這些新道教都改革傳統的道教，重視忠孝，使道教從追求長生不老的貴族享受，變成一種民衆參與的宗教實踐。這些教派的出現是金元時期思想文化方面的重要現象。

新道教的興起

新道教興起，原因有四：首先，金元時期，異族統治下的中原人民收復無望，又不願意與異族統治者合作，道教這種土生土長的宗教，對飽受欺凌的漢族民眾特別具有吸引力。其次，在此之前的道教一直以符籙為主流，但在金滅北宋的靖康之難中，符籙、雷法絲毫不能夠改變"道君皇帝"的厄運，傳統的符籙派在民眾中威信掃地。第三，傳統的丹鼎派投靠豪門、煉丹修仙的做法無法適應百姓所需，新道教提倡內丹法，改變了丹鼎派道教的貴族氣息。第四，新道教都提倡忍辱含垢，可以消弭漢族民眾的反抗意志，為統治者所接受。

太一道的平民性質

河北新道教中最先出現的是蕭抱珍創立的太一道。蕭抱珍利用中原流行已久的太一*信仰傳教，他在女真人佔領區崇祀漢族的最高神，隱含了對漢族正統的懷念。太一道是新道教中唯一重視符籙的。太一道以心靈的修煉為根本，以符籙祈禳為手段。符籙的神秘與女真人的薩滿教有相同之處，同時，太一道以"弱"為修煉要道，提倡孝道，故可以為金元統治者所接受。由於教徒多是下層民眾，文化素質和宗教學識偏低，傳七世後歸於湮沒。

祈雨圖

符籙祈禳是太一道教義的主要內容。山西洪洞廣勝寺水神廟中的壁畫，繪有一個祈雨場面，正是這種祈禳思想的反映。

"力耕而食"的大道教

大道教由劉德仁創立，以重視宗教倫理著名，極力提倡"忠於君，孝於親，誠於人"，"虛心而弱志"，"遠勢力，安貧賤"的主張，適應金朝統治者調和矛盾、重建統治秩序的需要。尤其是大道教提倡的"力耕而食，量入為出"，對於恢復滿目瘡痍的北方經濟，無疑是一劑良方。大道教九傳，但始終沒有形成獨立的理論體系，僅靠教派領袖的個人魅力傳教，並未長久。

全真教的興起

河北新道教中流傳最廣、真正對後代道教理論產生重大影響的派別是全真教。創立人王喆(王重陽)與他七位高足——“全真七子”，都出身豪門，受過良好的教育。全真教提倡“先性後命”的內丹學，認為人的肉體根本不可能長生，人要修煉的是在丹田內凝結成千古不壞的“陽神”，只要“全其真性”，就是幸福人生。這種理論追求的是精神的永生，而不再是傳統道教的肉體永生。為了能夠“全其真性”，必須禁慾苦修。全真教重視精神修煉和宗教倫理的實行，增強了道教教化社會的職能。

鳳鳥

鎏金銀道冠

這頂出土於契丹墓葬中的道冠由十六片鎏金薄銀片重疊綴合而成。另釘綴二十四件鳳鳥、花卉、火焰寶珠等銀飾件。這頂道冠反映出漢人傳統的道教已經為契丹貴族所接受。

***太一**：亦稱“太乙”，在典籍中是描述天地混沌未開的原始狀態，到漢武帝時，變成了一個人格神，成為漢文化諸神體系中的最高主宰。

小辭典

山東烟台昆嵛山道觀

昆嵛山是道教聖地，自古有“仙山之祖”的美譽。金大定七年(1167)王喆(王重陽)在此講道闡法，創立了“全真教”，丘處機等“全真七子”均在山上的道觀修煉過。

石雕香爐

這是金朝一位道士隨葬的香爐，説明當時部分道教信徒仍然重視宗教儀式。

盛況空前的海內外交流

①遼朝的草原絲綢之路

漢唐興起的絲綢之路，依賴沙漠綠洲為中繼站，橫貫歐亞。以草原為腹地的北方民族，受地力所限，生產力水平不高，自古也有對外貿易的需求。由於政治經濟重心偏北，而且草原的道路久為這些民族所熟悉，所以他們西向貿易的大道，不經通往長安的河西地區，而走草原絲綢之路，到西域再接上原來的綠洲絲綢之路。在遼朝，頻繁使用的草原絲綢之路曾經是極其重要的國際路線。

胡人馴獅琥珀飾

獅子不是蒙古草原的動物，胡人、獅子和琥珀都是外來的，這件裝飾品將三者結合在一起，是東西文化交融的實物見證。

遼朝對西北地區的經營

唐以後，吐蕃和西夏相繼佔據河西走廊。西夏收取高額的過境商稅，嚴重影響了綠洲絲綢之路的商貿往來。遼與西方的交往，走的是草原絲綢之路。契丹之前，草原絲綢之路由善於經商的回鶻人控制。回鶻勢力分崩離析以後，契丹人乘虛而入，並遠征西域，至鄂爾渾河畔的古回鶻城（今蒙古國厄爾得尼昭北和林城遺址北）刻石記功而還。隨着遼王朝國際影響的日益擴展，各國使節和諸多商旅紛至沓來，遼與中亞各國頗有交往，波斯、大食等國曾先後入貢。所以遼亡之後，耶律大石率領契丹舊部到中亞建立西遼國，並非偶然。草原絲綢之路在遼朝達到極盛。元朝統一中原後，不但恢復了綠洲絲綢之路，更開闢了海上絲綢之路，草原絲綢之路由盛轉衰。

設施和管理

為了維護草原絲綢之路的暢通，遼朝十分注重建設這條交通路線。在沿線建立州鎮，並設有驛站，有專門擔任接待工作的“供億戶”。遼政府還專門在上京同文館設置賓館，給諸國信使居住。回鶻商人往來頻繁，上京南城中專門設置“回鶻營”，接待回鶻商人。草原絲綢之路基本上將草原地區的重要城市連接在一起，進一步促進了草原地區經濟文化的繁榮。

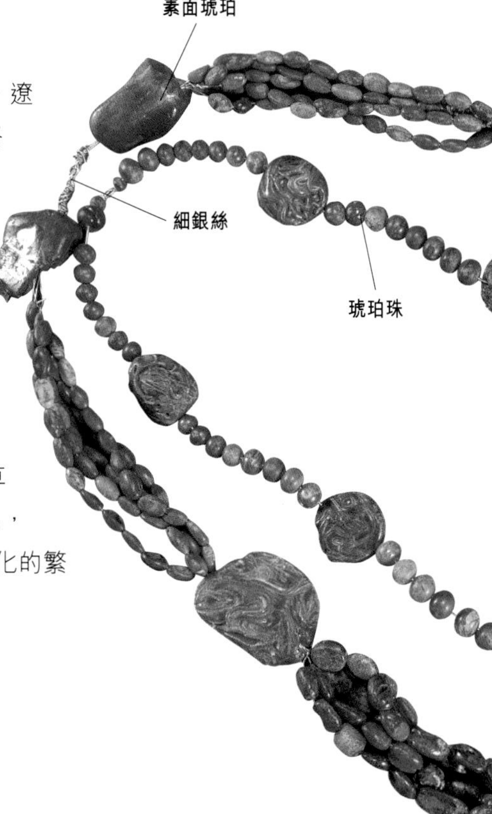

刻花高頸玻璃瓶

出土於遼國貴族墓中，是典型的伊斯蘭玻璃器，可能為公元10世紀末波斯（今伊朗）所製。

大漠中的駝隊

駱駝是草原絲綢之路上的主要交通運輸工具，在一望無垠的草原和沙漠綠洲中，駝隊和商旅的西去東來使得這條橫貫歐亞的天然通道，成為中西文化交流的大動脈。

東西物資交流的內容

通過草原絲綢之路，大量物品從中亞及周邊民族源源湧入遼境，有的還經遼進入中原地區。如中亞的蒸餾釀酒法就是通過草原絲綢之路東傳，中原地區才開始有高度的白乾酒。在商貿往來中，遼也是重要的商品輸出國。11世紀阿拉伯的詩歌中寫道："大地鋪上綠毯，契丹商隊運來中國的商品。"阿拉伯人把契丹當作中國，將西傳的火藥稱為"契丹花"，直至今日，俄語中仍將中國稱為"契丹"。

當時東西物資交流的內容是多方面的。輸入遼境內的有西瓜、回鶻豆等農產品，珠玉、琥珀等珍玩，玻璃器、銅器等日用品，皮革製品和絲毛紡織品，還有鑌鐵兵器等。遼向外輸出的有馬、牛、羊等畜產品，海豹皮帶、熟皮靴等皮革製品，氈、青氈帳等日用品，朝霞錦、綾羅綺錦緞等紡織品，鎏金鞍勒等馬具，弓箭、鑌鐵刀劍等兵器，青鹽、白鹽和一些加工食品，以及圖書和海東青等。

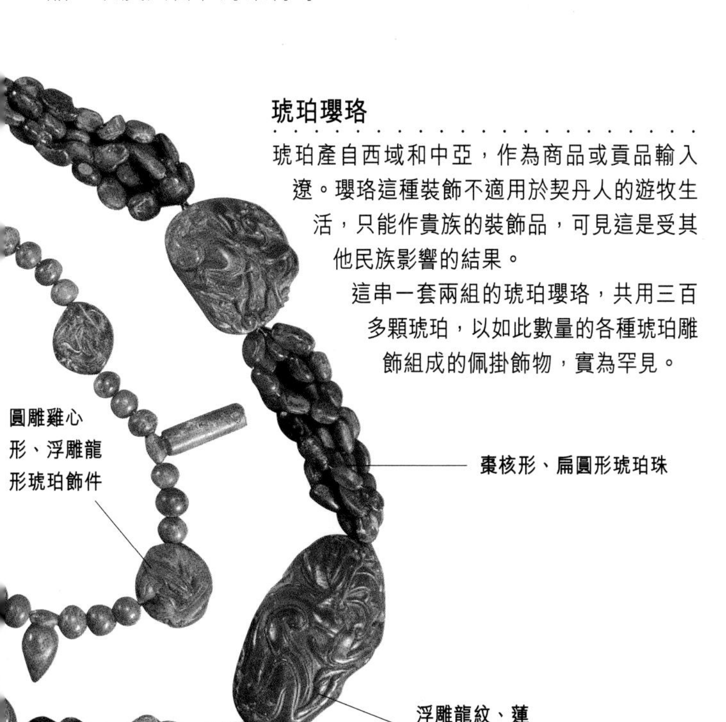

圓雕雞心形、浮雕龍形琥珀飾件

棗核形、扁圓形琥珀珠

浮雕龍紋、蓮花紋琥珀飾件

琥珀瓔珞

琥珀產自西域和中亞，作為商品或貢品輸入遼。瓔珞這種裝飾不適用於契丹人的遊牧生活，只能作貴族的裝飾品，可見這是受其他民族影響的結果。

這串一套兩組的琥珀瓔珞，共用三百多顆琥珀，以如此數量的各種琥珀雕飾組成的佩掛飾物，實為罕見。

灰陶騎駱駝俑

這個元朝陶俑重現了外國商旅騎着駱駝遠赴中國經商的情景。

北庭高昌回鶻佛寺

橫亙西北的草原絲綢之路是遼夏金時期南北物資交流的重要通道，在契丹人之前，曾一度為擅長經商的回鶻人控制，故又稱“回鶻路”。回鶻人對草原絲綢之路的經營是西北交通和文化交流史上的重要一筆。

北庭(今新疆吉木薩爾北破城子)作為回鶻人的發祥地，高昌回鶻將其設立為陪都，它是草原絲綢之路的重要中轉站，南與高昌相望，東與敦煌相連，西南方越天山可直接到達焉耆和庫車，與中亞相通。遼夏金時期北庭是回鶻人居住的大本營，摩肩接踵的商旅駝隊曾經帶動北庭經濟文化的高度繁榮。在北庭古城遺址發掘的高昌回鶻佛寺，是目前僅存的、完全由回鶻人建立的王室佛寺，約建於公元10世紀中期(相當於北宋初期)， 到14世紀時廢棄。佛寺中的壁畫應繪於北宋至元朝時期，以佛教內容為主。從發掘情況看，壁畫明顯受中原文化、西域文化等多種文化的交叉影響。回鶻佛寺壁畫是西北草原文化多樣發展的重要歷史見證。

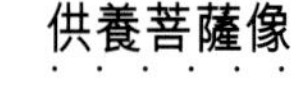

供養菩薩像

回鶻佛寺壁畫中的人物形象造型優美傳神，特別是供養菩薩像姿態各異，或莊嚴肅穆，或溫靜慈和，顯示高超的繪畫水平。

N
被破壞的台基
台基邊緣
正
殿
庭
院
配殿
配殿
庫房
庫房
配殿
僧房
配殿
僧房
已發掘的洞龕
未發掘的洞龕
遺址已發掘的部分
未發掘或被破壞的部分
斷崖

回鶻佛寺遺址平面、剖面圖

遺址平面呈長方形，殘長70多米，寬約44米。北部是正殿建築羣，外觀呈方塔形。在正殿之南的配殿和東面的洞龕中發現大面積的壁畫和多座塑像。

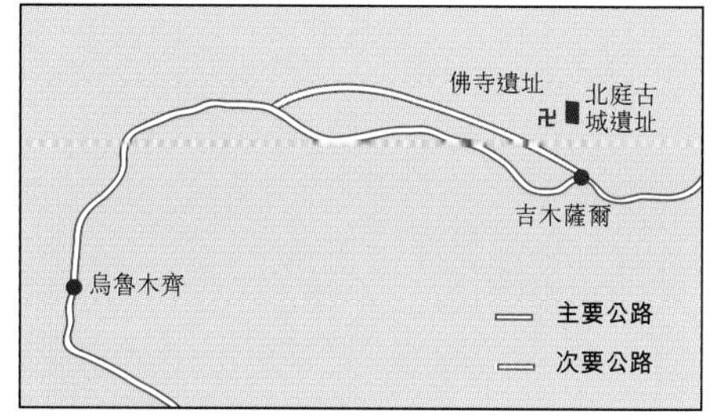

回鶻佛寺地理位置示意圖

高昌回鶻佛寺遺址位於新疆烏魯木齊市以北，北庭故城遺址之西。

彌勒上生經變畫

經變畫是中原地區創造的一種佛教藝術形式，以敦煌莫高窟所見，在隋朝時已具雛形，後來影響到今新疆吐魯番地區的佛教石窟藝術。回鶻佛寺的經變畫構圖與莫高窟相似，説明受到中原文化的影響。

千佛圖

在敦煌和吐魯番的千佛圖中，佛像都是正面像，側面像極少見。回鶻佛寺千佛圖中的佛像大多是半側面像，這是回鶻佛寺壁畫中獨特的畫面。

盛況空前的海內外交流

② 完善的驛站系統

元朝幅員遼闊，各地之間必須有四通八達的交通網絡來聯繫，才能有效運轉，因此，蒙元統治者極重視驛站建設。完善的驛站系統既是大元帝國強大國力的體現，也保證了中西道路的暢通，密切了中西之間的交往，再次掀起中華文明西傳浪潮，阿拉伯的數學、醫學、軍事、建築、宗教等也因之傳入東土。

元朝驛站的建立和完善

初具規模的驛站系統建立於窩闊台時期。窩闊台評價自己繼承汗位後的四件業績：滅了金國，建立了站赤（即驛站）制度，在沒水的地方打井，派探馬赤軍鎮守各地。入主中原後，驛站系統覆蓋全國，未計算西北汗國，全國共建立驛站一千五百多處，服役的站戶估計有三十萬戶。以大都為中心，東北到黑龍江江口奴兒干城，北達謙河（今葉尼塞河）上的吉利吉思，西到伊兒汗國和欽察汗國，西南抵今雲南、西藏的交通網，範圍之廣，前無古人。驛站分佈不均，經濟發達的地區驛站較多，中書省所轄地區面積為江浙行省的三倍，驛站的數量卻只有江浙行省的四分之三。驛站分陸站和水站，東北地區的雪原上還有狗站。

元朝驛道路線圖

元朝驛站以大都為中心，東北到黑龍江江口的奴兒干城，北達謙河（今葉尼塞河）上的吉利吉思，西到伊兒汗國和欽察汗國，西南抵今雲南、西藏。

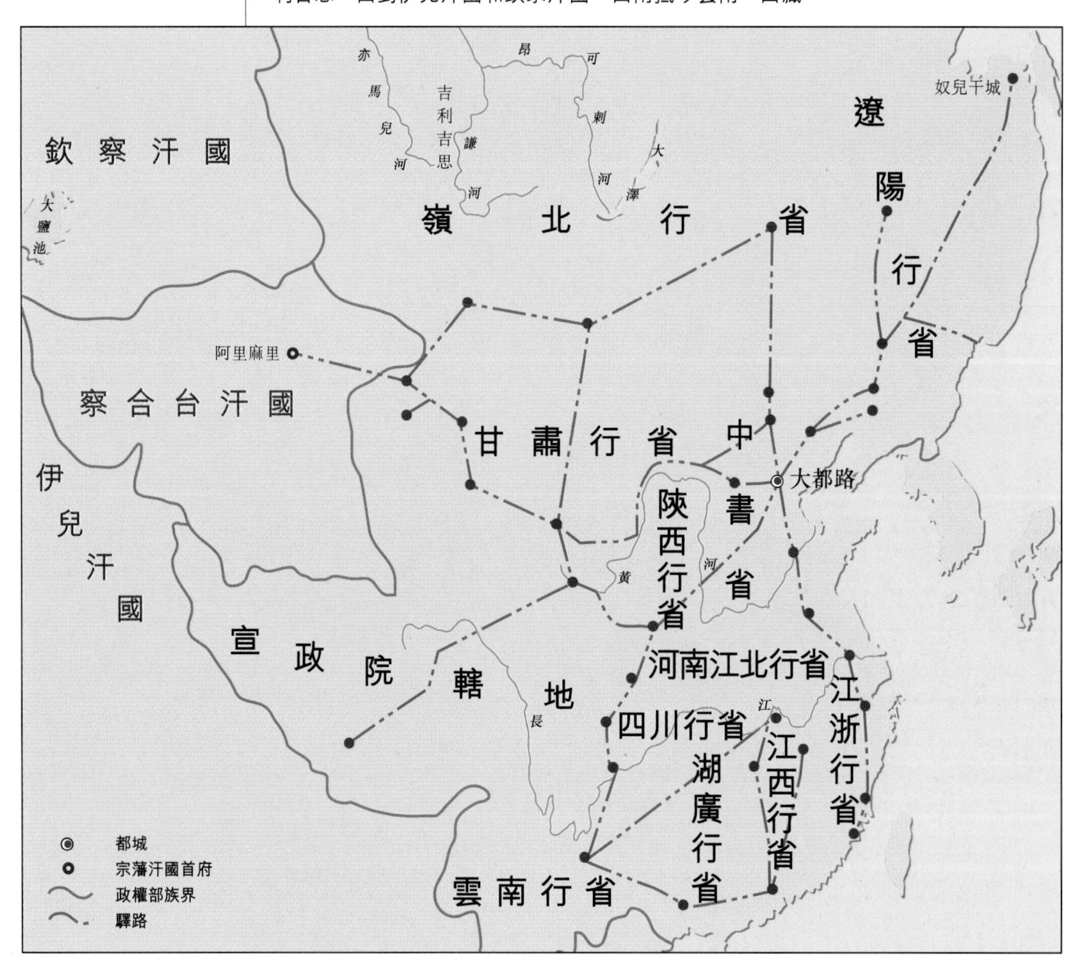

驛站的管理

元朝十分重視驛站的管理。中央有專門管理驛站的機構——通政院，地方上則由路、府長官兼理。驛站按大小設驛令或提領管理，由站戶來維持。站戶由中等或中等以上的民戶簽發而來，有專門的戶籍，不能隨便更改。站戶負責驛站的交通工具、牲畜餵養和給過往的使臣提供國家規定標準的飲食，可免部分一般民戶所承擔的稅糧、徭役。驛站使用的馬、牛、車、船等交通工具也有由國家購買的，遇到死亡或毀壞的情況，站戶必須賠償。

常樂驛站銅印

驛站是驛道上的主要管理機構，元朝驛站星羅棋佈，對保證元朝交通暢通起着重要作用。常樂驛是元朝木憐道上的一個驛站，是當時北部地區交通線上的重要中轉站。

驛站的使用

要在規定的路線上享用驛站提供的交通工具和食物，必須持有官府頒發的"鋪馬聖旨"和圓牌。"鋪馬聖旨"供一般的公務使用。每道聖旨上都標有馬的數目，並填寫領受官府的名稱，以限定在職責範圍內使用。圓牌專門供軍務使用，按照緩急，有金字和銀字之分。乘驛人員享受的待遇，視其官品高低、公事大小而定。交通樞紐設有專門的檢查官，檢查過往人員是否遵守乘驛制度。

制度雖然完善，元朝驛站仍常有濫給驛的情況。圓牌常被用於非軍事的差遣，甚至發給商人往來貿易。王公貴族經常用"鋪馬聖旨"辦理私事，又仗勢勒索站戶。

"天字拾一號夜巡牌"

五體文夜巡銅牌

這種夜巡牌是專供夜間軍事急務使用的圓牌。以天字第幾號為編號，源自著名漢字讀物《千字文》。

歷史小證據

驛道上的特快專遞

急遞鋪專門傳遞緊急的官方文書。每隔10里、15里或25里設一急遞鋪，置鋪卒五人，重要的地方有十五人，鋪卒腰帶上都掛有響鈴，手持纓槍，所過之處旁人都要躲避。前面急遞鋪的鋪卒聽到鈴聲，就提前在路旁等候，接到文書後立即前行，按照規定，文書一晝夜要傳遞400里。

急遞鋪令牌

盛況空前的海內外交流

③ 發達的海運和河運

元朝海運和河運的發展，是政治中心與經濟重心分離的結果。唐宋以來，中國的經濟重心逐步南移，到宋、金對峙和蒙古侵擾中原時期，北方戰亂，南北經濟差距進一步加劇。元朝海運和河運的發展加強了南北物資和文化的交流，促進了造船技術和海外貿易的發展，沿海城鎮也由此而繁榮。不過，過度依賴江南，也忽視了北方地區的開發。

開闢沿海海運

南方物資北調早在唐宋已有，主要靠運河漕運。遼金兩朝只據有北方，沒有南糧北運的條件。元朝定都大都，這座政治性的消費城市需要大量資源來維持，南糧北運有迫切之需。最早仍以運河運輸為主，以陸運作為輔助。但大都位置較近海，加之海運所費較少，因此元朝致力發展沿海海運。至元十九年（1282）實行第一次沿海海運。由於海上的"風水險惡"，人財兩空的情況時有發生，因此元朝政府沒有放棄陸運和河運，而且一直在開闢新的運河路線。

元文宗天曆初年的歲入分佈

為解決北方地區糧食的不足，元政府自1283年起，每年從江南地區北運大批糧食。由海上運到大都的糧食最高達330萬石，幾乎全部由江浙負擔；由運河北運的糧食有500多萬石。漕運和海運成為元朝最重要的經濟命脈。

江浙行省	37.1%
河南江北行省	21.39%
腹裏	18.75%
江西行省	9.6%
湖廣行省	7%
雲南行省	2.3%
陝西行省	1.9%
四川行省	1.96%
遼陽行省	0.6%
甘肅行省	0.5%

＊全國總歲入為1211.4704萬石

元朝海運河運路線圖

大都
通州
直沽
登州
芝罘
成山
臨清
濟州
黑
水
洋
揚州
崇明
劉家港
杭州
都城
大運河
1291年以前航線
1292年航線
1293年以後航線

海運航道的改良

海運最初的路線離岸太近，淺沙很多，只能使用"平底海船"，影響了速度。而且從渤海到長江口，常年受由北向南的東中國寒流影響，船隻逆水而上，航程緩慢。解決沿海淺灘和海流影響航速的問題迫在眉睫。至元二十九年（1292）和至元三十年（1293）元政府相繼開闢兩條新航線，避開近海淺灘，而且在黑水洋中利用夏季的暖流幫助航行，航行時間大為縮短，從劉家港到京師最快的時間只要約十天。避開了近海淺灘之後，可以用尖底船運輸，運量從原來的每船700多石，發展到大者8000～9000千石，小者也能有2000餘石。

京杭大運河縱剖面圖

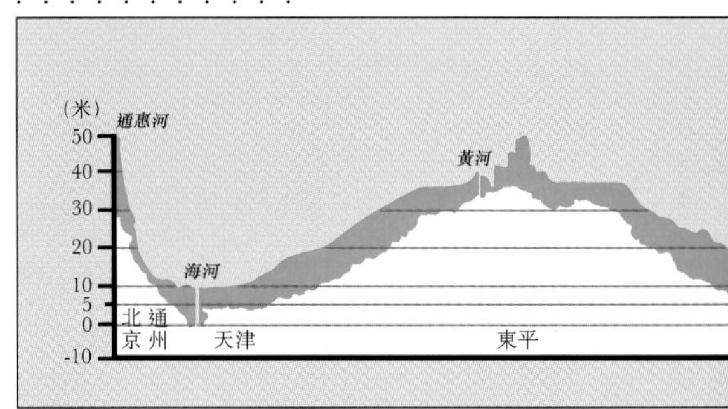

海運的運輸方式和運價

元朝海運主要採用“僱傭包運制”，在江浙閩廣沿海地區，政府出錢僱傭民間船隻，承擔南糧北運的任務，運價在至元二十一年(1284)為每石“中統鈔八兩五錢九分”，以後歷年有所增減。運量從第一次海運的46000石，發展到天曆二年(1329)的3522000石，不到五十年增加了七十多倍，文獻中稱元政府“仰給於江南”是毫不為過的。

河運對城市佈局的影響

南糧北運的目的地變為大都，河運線路改變，影響到沿線城市的盛衰。元以前漕運必經的大名、開封等城市逐漸衰落，而新經的濟寧、臨清、德州等城市日益繁榮，尤其是松江府的上海和河間路的直沽(今天津)，由兩個小城鎮發展為今天在中國經濟中舉足輕重的城市，就是元朝奠定的基礎。

大運河鳥瞰

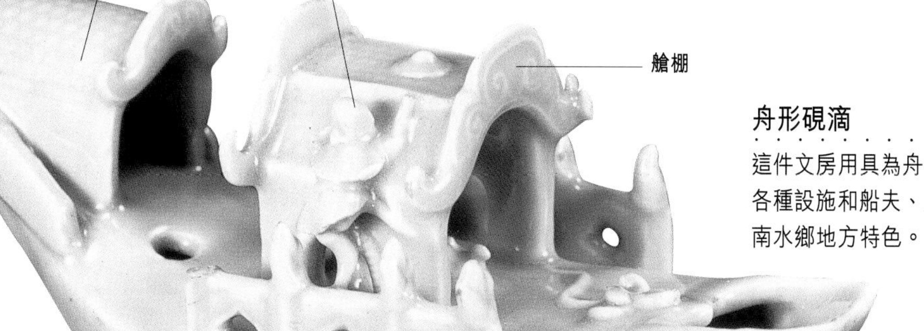

舟形硯滴

這件文房用具為舟形，頭部有方形平流，船上各種設施和船夫、遊人刻畫細膩逼真，富有江南水鄉地方特色。

遼三彩船紋枕

盛況空前的海內外交流

④ 無遠弗屆的海外貿易

遼夏金位處北方，對外貿易不能利用海道。元滅宋之後，繼承了宋朝發達的海道貿易，貿易地區東起今菲律賓諸島，經過印度尼西亞諸島、印度，遠涉波斯灣沿岸、阿拉伯半島和非洲；海船製造也有很大發展。

元朝海外交通圖

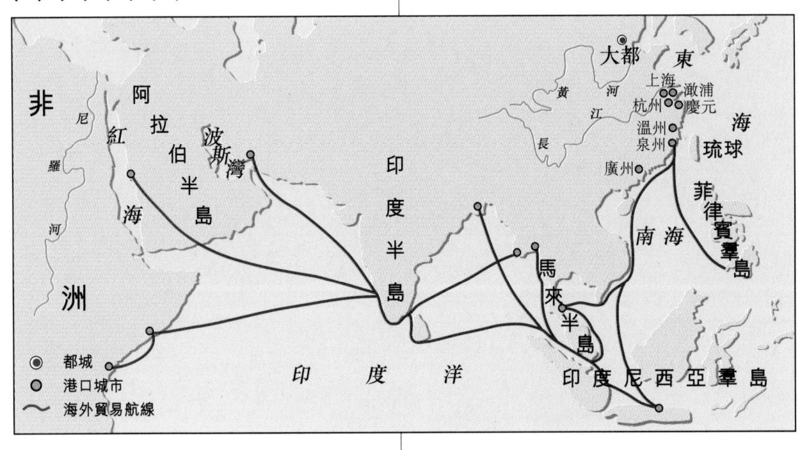

海道貿易取代陸路

元朝滅南宋之前，與國外的貿易主要通過陸路，有波斯道和新開闢的經過裏海以北抵達黑海沿岸的欽察道。但由於陸路要道時常被北方、西北方諸王叛亂所阻斷，而海道貿易便捷、運量大、地域廣，所以，滅南宋之後，海道貿易逐漸在元朝對外貿易中佔據主要地位。與宋朝有海外貿易關係的國家和地區僅五十六個，元朝增加到一百四十多個。

嚴格的海外貿易管理

元朝為強化海外貿易管理，在對外貿易港口設置市舶司，專門制訂了二十二條市舶法規。按照規定，出海貿易的船隻、人員、貨物都要經過市舶司審核批准，獲得公驗、公憑之後才能成行，開船和返航時都要由市舶司官員檢查驗證。出海船隻只能到申請的地區貿易，還必須在規定的時間內返航。

返航船隻在指定的港口由官府按照貨物屬粗貨或細貨，抽數額不等的稅，珍寶、香料等屬於“細貨”，此外還要繳納三十分之一的市舶稅。對來華貿易的外國船隻，也有類似的規定。

元朝海船

元朝每年造戰艦五千多艘。行駛在印度洋上的元朝大型帆船經常有三至十二帆，可以役使千人，闢有四層甲板，生活設施齊全。每條船上都有綱首（船長）、直庫（負責武器管理）、雜事、部領、火

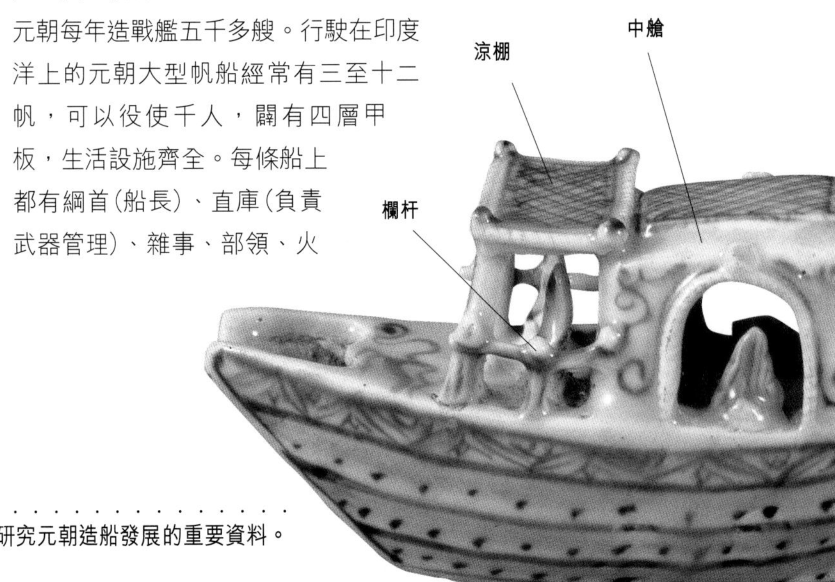

青花瓷船

這件青花瓷船精巧逼真，工藝水平高超，是研究元朝造船發展的重要資料。

長、舵工、碇手等職務分工。由於具備了指南針導航、船尾舵控制航向、有效利用風力等遠洋航行的三大必要條件，元朝的航海業享譽世界。宋朝中國船隻只到達印度，再往西去，則要換乘阿拉伯船，元朝中國船隻已經在非洲各大港口來往穿梭了。

海外貿易的重要港口

元朝由政府指定的對外貿易港口，最多的時候有泉州、慶元、廣州、上海、澉浦、溫州、杭州七處，元朝末年則只有泉州、慶元、廣州三處。泉州是元朝最重要的貿易港口，它和廣州港主要從事對東、西洋的貿易。慶元則主要從事與日本和高麗的貿易。

主要外貿商品

各種高級的絲織物、陶瓷、銅鐵錫鉛等金屬、印花布等都是中國遠銷海外的大宗貨物，白砂糖和茶葉也從元朝開始成為主要的外貿物資。元朝從國外進口的貨物達二百五十種左右，其中供統治者揮霍的珍寶、香料佔了很大比例。

"蕃客墓"墓碑

泉州至今保存有許多宋元時代伊斯蘭教徒的墓，這些人大多是來中國經商的商人或傳教的信徒，他們死後安葬在一起，形成保存完好的伊斯蘭教墓地，被稱為"蕃客墓"。此墓碑用阿拉伯文和漢文書寫"蕃客墓"三字。

白釉黑花嬰戲圖罐

這件元朝磁州窰的罐是從元朝沉船中打撈上來的，可見瓷器是當時海外貿易的大宗商品。

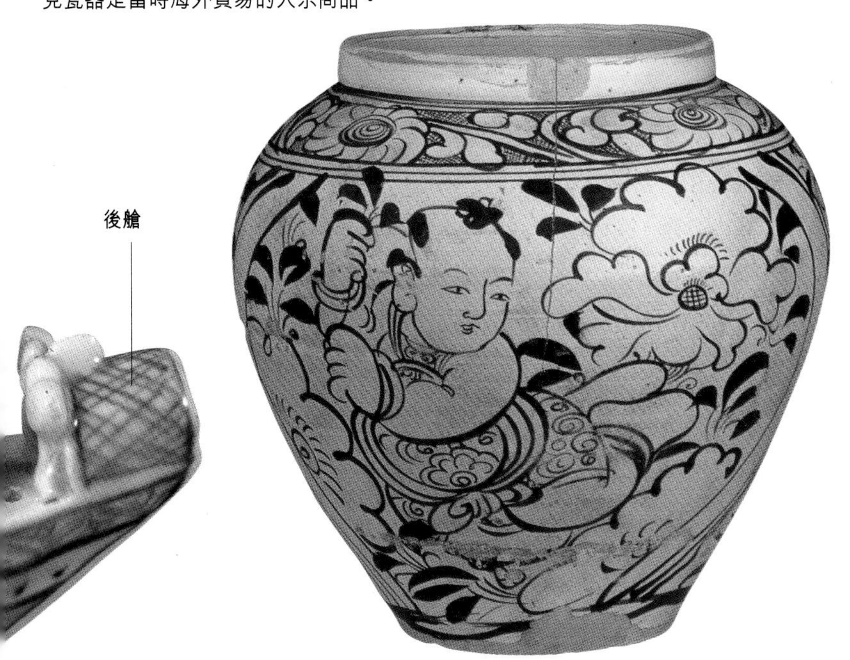

拉丁文墓碑

這是中國境內發現最早的羅馬天主教碑石之一，係意大利商人喀德林為其在揚州去世的女兒所立。據意大利有關文獻記載，喀德林是意大利威尼斯商人，可見元朝揚州已與威尼斯有商業往來。

世界大商港——泉州

泉州是宋元時期聞名世界的港口。唐朝晚期，泉州已經與揚州、廣州、明州治(治今浙江寧波)並列為南方四大港口。宋元積極發展海上貿易，泉州極為繁榮，元朝時壓倒廣州，一躍成為第一貿易大港，並成為海上絲綢之路的起點，蜚聲海內外。

伊斯蘭教徒墓碑

從唐至元，許多穆斯林長期生活在泉州，至今泉州還有阿拉伯和波斯後裔三萬餘人。半個多世紀以來，在泉州出土了二百多方13、14世紀的伊斯蘭教徒的墓碑和石墓蓋，上刻阿拉伯文、波斯文和突厥文。

泉州本身有政治、地理和經濟上的優勢。政治上，五代戰亂時期，泉州相對穩定，海運穩步發展；南宋遷都臨安，統治中心移至東南，泉州有天時之利。地理上，當時的泉州是天然良港，泯江亦有利於運輸。經濟上，大宗出口商品——瓷器主要是今浙江和福建的產品。泉州與世界許多地區都有貿易往來，南宋早期已有五十八個，元朝發展到近百個。對外輸出的主要是生活用品，輸入的主要是香料、珠寶等高級消費品。

泉州的造船業發達，外國商人都喜歡乘坐“刺桐舟”來華(泉州城周圍遍植刺桐，被稱為“刺桐城”)。當時聚居在南門一帶的外國僑民數以萬計，被當地人稱為“蕃客”。關於泉州，他們留下了許多著名的記載。馬可·波羅說：“刺桐是世界上最大的港口之一，大批商人雲集這裏……商貨寶石珍珠輸入之多竟至不可思議。”

古印度式石柱

元朝時各國商旅雲集泉州，使得泉州成為多元文化的世界大都市。開元寺這個石柱帶有濃厚的印度文化色彩，是從一座倒塌的印度寺中移來的。

泉州歷代戶數人口統計

時代	名稱	戶口
西晉	晉安郡	近4000戶
唐天寶年間	泉州	23000餘戶
唐元和年間	泉州	35000餘戶， 238000餘人
宋元豐年間	泉州	200000餘戶，1000000餘人
宋淳祐年間	泉州	250000餘戶，1300000餘人
元朝	泉州	89060戶，455545口

* 在元朝的四等人制度中，泉州是南人住地，南人地位低下，或逃亡或隱瞞戶口，故元朝人口統計只是一個大概數字。

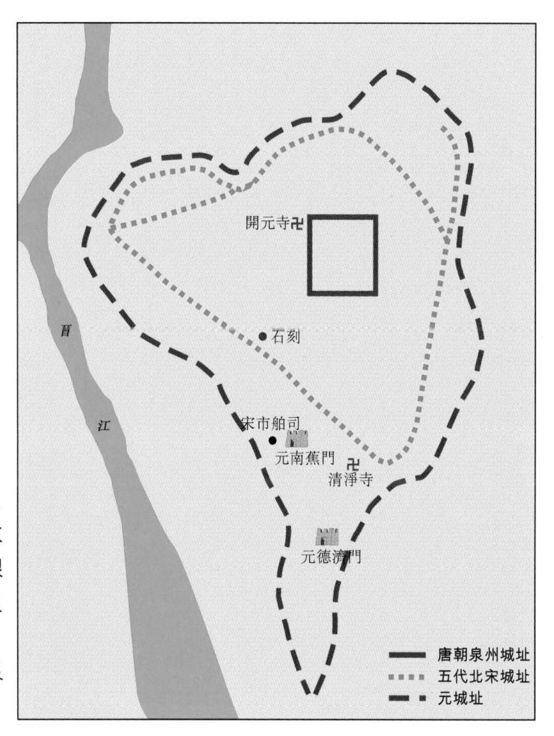

印度教石刻

南宋時期，來中國的印度人將印度教傳入泉州。目前已經發現了三百多方造型多樣、有濃厚異國情調的印度教寺廟石刻。

泉州城平面圖

泉州地處江邊，瀕臨大海，海岸曲折，水深浪平，宋元時是天然良港。元以後經常海禁，泥沙又令海港淤塞，泉州漸失去其重要地位。

祈風石刻

泉州晉江北岸的九日山“山中無石不刻字”，圖中的宋朝祈風送船石刻，記錄了宋朝泉州郡守和市舶司官員為求“蕃船”一帆風順，向海神通遠王祈禱的史實。

盛況空前的海內外交流

⑤ 歐亞大陸文明的傳播

元朝實現了人類歷史上空前規模的物質和文化交流。歐亞陸路交通的暢通，增進了中國與世界的相互了解，西方人終於弄清楚他們在公元前就聽說過的出產絲綢的塞里絲國和因為西遼強大而聞名的契丹國，其實就是和蒙古人同一國度的中國。這一時期，中國的四大發明，隨着東西交通的暢通而傳入歐洲，成為歐洲封建制崩潰的催化劑。

青花雲龍紋荷葉形蓋罐

西亞盛產青花的呈色劑鈷，元朝青花的鈷料就是從西亞進口的。元朝掌握了青花瓷的燒造技藝後，製造了大量為信仰伊斯蘭教民族喜愛的青花瓷器，返銷到國外。

中國文化的世界性光彩

在世界上處於領先地位的中國文化，對許多國家和地區有很大的吸引力，中國的絲綢和瓷器等依然暢銷世界許多國家。來自中國的綾羅綢緞，對1147年才學會絲織技術的意大利人，實在是富有誘惑力的高級舶來品。在14世紀錫耶那市政廳會議室的一幅壁畫中，意大利權貴身穿中國的綢緞袍服，神氣活現。在馬木魯克王朝*統治下的埃及和敘利亞、開羅和大馬士革，都有出售中國瓷器的店鋪，埃及的製瓷工匠從大量的中國瓷器中汲取了豐富的養料，製作出精美的青瓷和青白瓷。

四大發明傳入歐洲

中國四大發明經歷了漫長的西傳過程，這一時期開始傳入歐洲。蒙古軍西征，大量使用威力巨大的火器，也促使佔領區的人迅速接受了這種劃時代的發明。在火器的傳播過程中，屬於伊斯蘭文明最後堡壘的馬木魯克是重要的一站。馬木魯克王朝積極研製火器，13世紀末完成的《馬術和軍械》一書中，有“契丹花”的配方、契丹火輪和管形火器的記錄，並進一步研製出火槍。歐洲人使用火器的最早記錄，見於1304年意大利北部的倫巴地。

當馬可．波羅告訴西方，蒙古大汗統治下的中國使用雕版印刷的紙幣時，歐洲人還不知道印刷是怎麼回事。造紙術早在唐朝時就傳入阿拉伯地區，13世紀末波斯印刷了紙幣，此後又傳入歐洲，直到14世紀末至15世紀初德國南部與意大利威尼斯才各自用雕版印成紙牌和聖像。

中國式網格地圖和航海羅盤，促使歐洲在13世紀末向繪製精密的實用航海地圖方面邁進了一大步，為即將興起的歐洲海外擴張起了無法估量的作用。

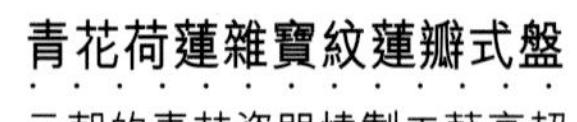

青花荷蓮雜寶紋蓮瓣式盤

元朝的青花瓷器燒製工藝高超，特別是景德鎮的青花瓷器是當時中西貿易的大宗商品，在中亞及歐洲廣受歡迎。

中國造紙技術傳入歐洲示意圖

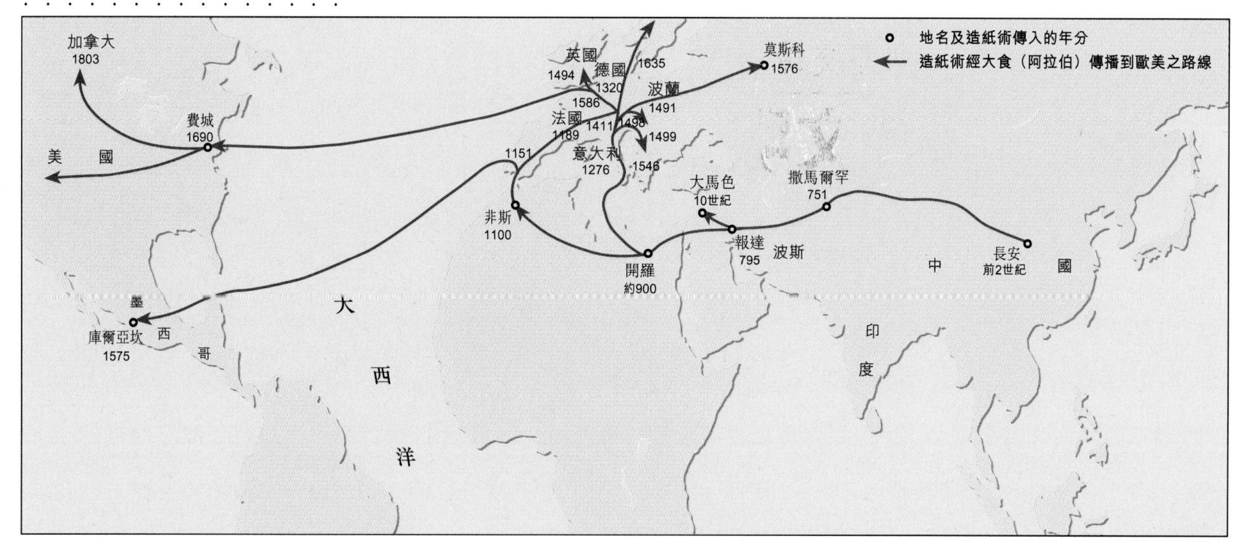

中國從世界交流中受益

這一時期外來文化對中國也有重要影響。元政府從開羅請來製糖技師，使南方產蔗區生產出大量優質白砂糖。曾隨蒙古軍西征的契丹人耶律楚材，利用撒馬爾罕天文台的儀器裝備，研究天文曆法，引進回回曆法中的地球經度概念，編製了中國第一部回曆——《庚午元曆》。元朝秘書監中收藏了來自馬木魯克王朝的科學著作《行星體系萃編》和數學著作《始終歸元論》等，是中國科學家作科學研究時參考的重要資料。元朝的地毯製造業達到鼎盛，今寧夏銀川一直是宮廷權貴使用的名貴地毯的生產地，其產品深受伊斯蘭風格和工藝的影響。

泉州馬木魯克式清真寺

狹長尖拱的門，連同通道的建築樣式，都屬於13~14世紀流行的馬木魯克建築樣式。

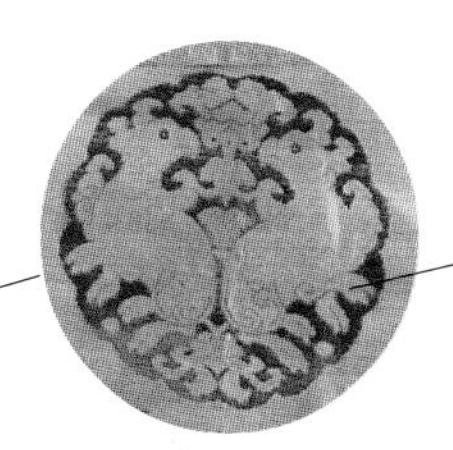

雙羊提花織錦被面

被面上的羊有歐洲神話的神獸"格力芬"的特徵。"格力芬"形象在中國北方草原出現，是中西文化交流的證據。

***馬木魯克王朝：**1250 ~ 1517 年統治埃及的王朝，曾經打敗蒙古軍隊，阻止蒙古軍進入非洲，最後亡於奧斯曼帝國。

小辭典

遼夏金元歷史大事年表

公元紀年	王朝紀年	大事記
907年		耶律阿保機被推為契丹八部的可汗；公元916年始稱帝建元，建立遼王朝，國號“契丹”。
918年	遼太祖神冊三年	遼太祖下詔建造孔廟
920年	遼太祖神冊五年	遼創製契丹大字，後來進一步創製契丹小字。
982年	遼景宗乾亨四年	遼景宗死，聖宗立，燕燕太后攝政，倚重漢人集團實行改革，扭轉中衰的國勢。
988年	遼聖宗統和六年	遼聖宗下詔開始正式開科取士，促進了契丹的漢化歷程。
1004年	遼聖宗統和二十二年	宋與契丹訂立澶淵之盟，開始兩國和平交往時期。
1007年	遼聖宗統和二十五年	遼仿宋汴京式樣建中京，採取五京分治之制。
1036年	西夏景宗廣運三年	夏頒佈西夏文字
1038年	西夏景宗天授禮法延祚元年 遼興宗重熙七年	黨項元昊稱帝，國號“大夏”，史稱“西夏”。 遼建大同薄伽教藏殿
1039年	西夏景宗天授禮法延祚二年	西夏仿照宋朝建立尚書省
1055年	西夏毅宗福聖承道三年	宋賜西夏《大藏經》
1056年	遼道宗清寧二年	遼佛宮寺塔(即應縣木塔)建成
1114年	遼天祚帝天慶四年	女真完顏阿骨打起兵反遼，建立軍政合一的猛安謀克制度。
1115年	金太祖收國元年	阿骨打稱帝，國號“大金”。
1119年	金太祖天輔三年	金頒行女真文字
1125年	遼天祚帝保大五年	遼天祚帝被金俘獲，遼亡。
1127年	金太宗天會五年	金兵攻陷汴京，北宋滅亡。
1131年	遼德宗延慶八年	耶律大石建立西遼，西遼為中國文明的西傳作出很大貢獻。
1138年	金熙宗天眷元年	金三省六部制全面取代國論勃極烈制度
1147年	西夏仁宗人慶四年	西夏正式開科取士。西夏儒學進入鼎盛時期。
1153年	金海陵王貞元元年	金海陵王遷都燕京，金朝政治中心南移。
1167年	金世宗大定七年	金道士王喆東遊山東，以“全真”為號，創立新道教。
1183年	金世宗大定二十三年	金頒行女真文本漢文典籍
1190年	西夏仁宗乾祐二十一年	西夏辭書《番漢合時掌中珠》編成
1192年	金章宗明昌三年	盧溝橋建成
1206年	金章宗泰和六年	鐵木真統一蒙古各部，建立蒙古汗國，稱成吉思汗。
1219年		成吉思汗率軍第一次西征
1220年		學者耶律楚材撰《庚午元曆》，首次提出地理經度的概念。
1222年	金宣宗興定六年	金道士丘處機西行於大雪山覲見成吉思汗
1227年	西夏末主南平王寶義二年	在六次征伐之後，蒙古滅西夏。
1234年	金哀宗天興三年	蒙宋聯合滅金
1235年		窩闊台的兒子闊端統兵進攻四川，開始與南宋的戰爭。 蒙古人發動第二次西征 蒙古國都城和林建成

1247年		吐蕃宗教領袖薩班發表著名的《薩迦班智達致蕃人書》，號召西藏歸附蒙古。
1248年		元數學家李冶《測圓海鏡》成書，被譽為"中土數學之寶書"。
1253年		忽必烈征服大理，雲南割據五百年後，重新與內地統一。
1260年	元世祖中統元年	元朝最早的紙幣中統元寶交鈔正式頒行，紙幣成為貨幣的主體通行全國。 忽必烈封八思巴為國師
1269年	元世祖至元六年	八思巴創蒙古新字，忽必烈下詔頒行全國。 八思巴被尊為帝師
1271年	元世祖至元八年	忽必烈改國號為"元" 元大都聖壽萬安寺白塔建成，尼波羅工匠阿尼哥總理其役。
1272年	元世祖至元九年	定都大都，政治中心南移，為明清時期的北京奠定基礎。
1275年	元世祖至元十二年	意大利人馬可·波羅來華 大都人列班·掃馬前往耶路撒冷朝聖
1276年	元世祖至元十三年	元科學家郭守敬開始設計製造簡儀等十三種天文儀器
1277年	元世祖至元十四年	元朝先後在泉州、慶元、上海、澉浦、廣州、溫州、杭州設立市舶司，促進海運發展。
1278年	元世祖至元十五年	景德鎮設立浮樑總局，成為全國的製瓷中心。
1279年	元世祖至元十六年	郭守敬領導大規模的緯度測量，設立二十七個觀測站。 南宋滅亡
1280年	元世祖至元十七年	《授時曆》編成，第二年頒行全國，為當時世界上最精確的曆法之一。 地理學家都實考察黃河河源
1283年	元世祖至元二十年	元朝設立"斡脱"總管府，讓色目商人經營高利貸。元朝將全國各族人民分為蒙古人、色目人、漢人、南人四個等級。
1291年	元世祖至元二十八年	元朝自訂的第一部法典《至元新格》成書 元朝確立行省制度，對後世政治體制影響深遠。
1292年	元世祖至元二十九年	劇作家關漢卿作雜劇《竇娥冤》 元大都歷時十八年建成 元朝設立回回藥物院
1296年	元成宗元貞二年	女紡織家黃道婆於本年左右返回故鄉，在松江一帶推廣棉紡織技術。
1297年	元成宗大德元年	地理學家周達觀隨使真臘返回祖國，後撰成《真臘風土記》。
1302年	元成宗大德六年	大都建孔廟
1307年	元成宗大德十一年	加謚孔子為"大成至聖文宣王"。程朱理學在元朝思想學術界確立主導地位。
1313年	元仁宗皇慶二年	元仁宗恢復科舉考試，只設進士一科。
1332年	元寧宗至順三年	目前發現最早的火銃鑄造於本年，火銃在兵器發展史上具有劃時代的意義。
1337年	元順帝至元三年	醫學家危亦林著《世醫得效方》，創懸吊複位法。 地理學家汪大淵第二次出遊海外，歸國後撰寫《島夷志略》。
1340年	元順帝至元六年	目前發現最早的套色印本刊印
1341年	元順帝至正元年	醫學家滑壽撰針灸專著《十四經發揮》，日本醫學界奉為"習醫之根本"。
1346年	元順帝至正六年	現存最早的藏文歷史著作《紅冊》開始撰寫
1351年	元順帝至正十一年	水利家賈魯率領十七萬軍民受命封堵黃河決口
1368年	元順帝至正二十八年	元朝滅亡
14世紀		中國的木活字、火器、算術傳入阿拉伯